Entre la Agrícultura y los Procedimientos Parlmantarias: Guía Práctica de Liderazgo y Toma de Decisiones Democráticas

Por: Agro. Etiel J. Costales Ortiz

Tabla de contenido

Capítulo 9: Resolución de Conflictos en las Cooperativas Agrícolas 420

Capítulo 10: Gobernanza y Liderazgo en las Cooperativas Agrícolas 439

Introducción

Este libro ha sido creado con el propósito de proporcionar una herramienta clara y práctica para la toma de decisiones en cooperativas agrícolas, basada en los procedimientos parlamentarios. Los procedimientos parlamentarios son esenciales para organizar y dirigir reuniones de manera eficiente, asegurando que se respeten los principios democráticos y que todas las voces sean escuchadas de forma equitativa. A lo largo de mi trayectoria como líder en diversas organizaciones, he observado la necesidad de tener un conocimiento básico de estos procedimientos para mejorar la gestión de las reuniones y la toma de decisiones, especialmente en el sector agrícola.

Como agrónomo, he podido ver de cerca la importancia de las cooperativas agrícolas para mejorar la colaboración entre los agricultores, y cómo una estructura organizativa adecuada puede hacer una gran diferencia en su funcionamiento. Sin embargo, también he notado que muchas cooperativas enfrentan desafíos debido a la falta de conocimiento sobre cómo organizarse de manera efectiva, tanto en la conducción de reuniones como en la asignación clara de roles y responsabilidades dentro de sus directivas.

Mi experiencia como parlamentarista me ha permitido identificar que muchos líderes en el sector agrícola desconocen los procedimientos parlamentarios fundamentales, lo que complica el proceso de toma de decisiones y, en muchos casos, genera confusión y malentendidos. Además, he observado que la falta de comprensión sobre cómo preparar informes adecuados, cómo estructurar una reunión o cómo manejar las responsabilidades de cada miembro de la directiva, puede afectar negativamente el desempeño de la cooperativa.

Por ello, este manual no solo busca servir como una guía para mejorar la toma de decisiones en cooperativas agrícolas mediante el uso de los procedimientos parlamentarios, sino también como un recurso práctico para ayudar a los líderes y miembros a organizar reuniones, asumir roles claros dentro de la directiva y a preparar informes efectivos que faciliten la transparencia y la eficiencia en la gestión de la cooperativa. Al proporcionar esta herramienta, espero contribuir a que las cooperativas agrícolas funcionen de manera más ordenada, eficiente y colaborativa, logrando así un impacto positivo en la comunidad agrícola y el desarrollo del sector.

Este libro es el resultado de mi compromiso con el mejoramiento de las cooperativas agrícolas, un sector vital para la economía y la sostenibilidad de nuestras comunidades, y la aplicación de principios parlamentarios para fortalecer su liderazgo y gobernanza.

Breve Historia de los Procedimientos Parlamentarios en Puerto Rico

Los procedimientos parlamentarios tienen sus raíces en las prácticas democráticas desarrolladas en Inglaterra y posteriormente adoptadas por muchas naciones, incluyendo Puerto Rico. A lo largo del siglo XX, Puerto Rico comenzó a implementar las *Reglas de Orden de Robert*, una adaptación de las normas parlamentarias utilizadas en los Estados Unidos, como base para organizar de manera eficiente las reuniones y deliberaciones en asambleas y organizaciones. Estas reglas fueron fundamentales para la estructuración de diversas organizaciones y cuerpos gubernamentales en la isla, desde el nivel comunitario hasta el estatal.

El ámbito agrícola, los procedimientos parlamentarios adquirieron relevancia a medida que las cooperativas y asociaciones de agricultores comenzaron a organizarse formalmente. Esto fue crucial para garantizar que los pequeños agricultores y otros actores rurales pudieran tener voz y voto en las decisiones que afectaban sus medios de vida. La adopción de procedimientos parlamentarios proporcionó un marco para la participación democrática, permitiendo a los miembros expresar sus puntos de vista, votar en propuestas y resolver conflictos de manera ordenada.

El uso de estos procedimientos ha permitido una gobernanza más estructurada, justa y participativa en diversas organizaciones agrícolas de Puerto Rico. Los agricultores, quienes históricamente enfrentaban desafíos en la toma de decisiones colectivas, encontraron en las normas parlamentarias una herramienta clave para fomentar la cooperación y el orden en sus asociaciones y cooperativas.

Organización y Dirección Efectiva de Reuniones en el Sector Agrícola

El propósito central de los procedimientos parlamentarios es organizar reuniones de manera ordenada y eficiente, asegurando que todos los miembros de una organización agrícola tengan las mismas oportunidades de participación. En el contexto agrícola, las decisiones sobre recursos comunes, políticas de siembra, distribución de fondos o implementación de tecnologías nuevas son fundamentales para la sostenibilidad de las operaciones agrícolas.

Los procedimientos parlamentarios permiten estructurar estas discusiones a través de un sistema de reglas claras que facilitan el debate y la toma de decisiones. Este sistema ayuda a prevenir conflictos al establecer normas que garantizan que todas las voces sean escuchadas de manera equitativa y que las decisiones sean tomadas por mayoría, respetando los derechos de la minoría. Además, estas reglas aseguran que los debates se mantengan centrados en un solo tema a la vez, lo que permite decisiones más efectivas y bien fundamentadas.

Por ejemplo, en una cooperativa agrícola que discute la implementación de prácticas de agricultura sostenible, los procedimientos parlamentarios proporcionan un marco claro para que los miembros presenten propuestas, debatan sus méritos y voten sobre la mejor manera de proceder. Esto no solo garantiza una toma de decisiones eficiente, sino que también asegura que todos los miembros tengan la oportunidad de contribuir al éxito de la cooperativa.

Importancia para la Agricultura: Gobernanza Clara y Eficiente en Asociaciones, Cooperativas y Juntas Comunitarias

La agricultura en Puerto Rico, especialmente en las zonas rurales, depende en gran medida de las organizaciones comunitarias y cooperativas para coordinar esfuerzos, compartir recursos y enfrentar desafíos comunes como el acceso a mercados y la sostenibilidad ambiental. En este contexto, una gobernanza clara y eficiente es esencial para la prosperidad de estas organizaciones.

Los procedimientos parlamentarios son una herramienta fundamental para lograr esta gobernanza. Las asociaciones agrícolas, las cooperativas y las juntas comunitarias utilizan estas reglas para estructurar sus reuniones, asegurando que las decisiones que afectan a la comunidad agrícola se tomen de manera democrática y ordenada. Estos procedimientos también ayudan a manejar conflictos internos, lo que es crucial en el sector agrícola, donde las decisiones sobre el uso de la tierra, el agua y otros recursos naturales pueden generar desacuerdos.

Las subvenciones agrícolas y los proyectos de desarrollo rural, el uso de procedimientos parlamentarios garantiza que los recursos se distribuyan equitativamente y que las decisiones sean transparentes y responsables. En una cooperativa agrícola, por ejemplo, la aplicación de las *Reglas de Orden de Robert* asegura que todos los miembros tengan la oportunidad de opinar sobre cómo se deben invertir los fondos en infraestructuras o equipos, promoviendo así la equidad y la justicia dentro de la organización.

Capítulo 1: Fundamentos del Procedimiento Parlamentario

El procedimiento parlamentario es un conjunto de reglas que proporciona estructura a las reuniones, asegurando que se lleven a cabo de manera ordenada y equitativa. Estas normas permiten que todos los participantes tengan la oportunidad de expresar sus opiniones, que las decisiones se tomen de manera justa y que se respete el tiempo y el orden en las discusiones.

1. Definición de Procedimiento Parlamentario: Introducción a las Reglas y Principios Básicos

El procedimiento parlamentario es un conjunto de normas que regula el comportamiento y el desarrollo de las reuniones en organizaciones y asambleas deliberativas. Su objetivo es proporcionar un marco para la toma de decisiones colectivas de manera organizada, equitativa y democrática. Al seguir estas reglas, se asegura que las discusiones sean justas, que todos los miembros tengan la oportunidad de participar y que las decisiones sean el resultado de un proceso transparente y eficiente.

- **Principales características**:
  - Facilita la toma de decisiones en grupo.
  - Permite que las reuniones se desarrollen de manera ordenada.
  - Asegura que todas las voces sean escuchadas.
  - Proporciona un método claro para presentar, discutir y votar propuestas.

Las organizaciones agrícolas, el procedimiento parlamentario es fundamental para garantizar que las reuniones, tanto de cooperativas como de juntas comunitarias, se desarrollen de manera eficiente. En este tipo de organizaciones, donde la coordinación de recursos y la toma de decisiones sobre la producción y el uso de la tierra son vitales, las reglas parlamentarias aseguran que todas las partes interesadas tengan la oportunidad de participar en el proceso.

2. Origen y Evolución: Historia del Procedimiento Parlamentario en Puerto Rico

El procedimiento parlamentario tiene su origen en las tradiciones democráticas de Inglaterra, que luego se trasladaron a Estados Unidos y, eventualmente, a Puerto Rico. Las Reglas de Orden de Robert (Robert's Rules of Order), publicadas por primera vez en 1876 por el Mayor Henry M. Robert, son una adaptación de las normas parlamentarias británicas, diseñadas para proporcionar un marco de trabajo estándar en asambleas.

En Puerto Rico, el uso del procedimiento parlamentario se ha adoptado en diversas instituciones gubernamentales, organizaciones sin fines de lucro y cooperativas. Durante el siglo XX, la aplicación formal de las Reglas de Robert se expandió a las cooperativas agrícolas y a otras organizaciones comunitarias, ofreciendo un mecanismo justo y estructurado para la toma de decisiones en contextos rurales y de producción agrícola.

- **Evolución en Puerto Rico**:
  - En las primeras décadas del siglo XX, las organizaciones agrícolas comenzaron a aplicar el procedimiento parlamentario para organizar sus reuniones y tomar decisiones sobre la distribución de recursos, producción y manejo de tierras.
  - A medida que las cooperativas agrícolas crecieron en tamaño y complejidad, el uso de estas reglas se volvió esencial para garantizar que las decisiones se tomaran de manera justa, evitando conflictos entre los miembros.

La adopción de procedimientos parlamentarios en Puerto Rico ha ayudado a fortalecer la gobernanza en cooperativas agrícolas, asociaciones de agricultores y otras organizaciones rurales, promoviendo la participación democrática y la equidad en la toma de decisiones.

3. Principios Generales: Justicia, Igualdad de Voz, Orden y Eficiencia en las Deliberaciones

Los principios fundamentales del procedimiento parlamentario se basan en la justicia, la equidad y el orden. Estos principios aseguran que todas las voces sean escuchadas y que las decisiones se tomen de manera democrática. En el contexto agrícola, donde los recursos pueden ser limitados y las decisiones críticas, estos principios son clave para evitar conflictos y promover una gestión equitativa y eficiente.

- **Justicia**: Todos los miembros deben ser tratados con imparcialidad y tener el derecho de expresar sus opiniones. No se deben favorecer unos puntos de vista sobre otros, y todos deben tener acceso a la misma información para participar en las decisiones.

  Ejemplo en el contexto agrícola: Si se está debatiendo sobre la distribución de fondos para la compra de insumos agrícolas, todos los miembros deben tener la oportunidad de opinar y votar, sin importar su tamaño de producción o antigüedad en la cooperativa.

- **Igualdad de Voz**: Cada miembro tiene el derecho de hablar y ser escuchado. Esto garantiza que las decisiones no estén dominadas por unos pocos, sino que reflejen las opiniones colectivas.

  Ejemplo: En una reunión para decidir la implementación de nuevas prácticas de riego, todos los agricultores, sin importar el tamaño de sus fincas, deben tener la misma oportunidad de presentar sus opiniones.

- **Orden en las Deliberaciones**: El procedimiento parlamentario establece un orden claro para la presentación y el debate de mociones, evitando interrupciones y garantizando que se siga una estructura lógica durante la reunión.

Ejemplo: En una reunión de cooperativa, cada moción debe ser presentada, debatida y votada en un orden preestablecido, asegurando que se discuta un solo tema a la vez y que se sigan los procedimientos correctos.

- **Eficiencia**: El uso del procedimiento parlamentario garantiza que las reuniones se desarrollen de manera eficiente, evitando que las discusiones se prolonguen innecesariamente y permitiendo que se tomen decisiones claras y concisas.

    Ejemplo: En una reunión para aprobar el presupuesto agrícola anual, el procedimiento parlamentario ayuda a que el debate se mantenga centrado y que se tome una decisión sobre las asignaciones de recursos sin que las discusiones se desvíen hacia temas no relacionados.

4. Normativa General: Uso del "Manual de Procedimientos Parlamentarios" y la Adopción de las Reglas de Robert (Robert's Rules of Order)

El Manual de Procedimientos Parlamentarios es una guía que establece las reglas básicas que rigen el funcionamiento de las reuniones en las organizaciones. En Puerto Rico, muchas organizaciones han adoptado las Reglas de Orden de Robert como la base de su normativa para reuniones, asegurando que todas las asambleas y decisiones se realicen de manera democrática y estructurada.

- **Las Reglas de Orden de Robert**:
  - Este conjunto de reglas es el estándar más utilizado para el procedimiento parlamentario en el mundo angloparlante y ha sido adaptado para su uso en organizaciones de todo tipo, incluidas las cooperativas agrícolas y juntas comunitarias.

- El manual cubre todos los aspectos de una reunión, desde cómo se presentan las mociones hasta cómo se realizan las votaciones y se resuelven los conflictos. Proporciona una estructura clara para que las decisiones se tomen de manera justa y eficiente.

- **Normativa General en Puerto Rico**:
  - En Puerto Rico, las organizaciones que adoptan las **Reglas de Robert** las incorporan en sus estatutos, lo que asegura que las decisiones se tomen de manera ordenada y democrática.
  - Muchas cooperativas y asociaciones agrícolas utilizan estas reglas para garantizar que las reuniones se desarrollen de manera efectiva, evitando discusiones prolongadas y resolviendo los desacuerdos de manera justa.

- **Implementación en el sector agrícola**:
  - Las organizaciones agrícolas, como las cooperativas y juntas de desarrollo rural, han encontrado en estas reglas una herramienta clave para coordinar las decisiones sobre el uso de recursos, la planificación de proyectos y la

distribución de beneficios entre los miembros.

El procedimiento parlamentario proporciona una base sólida para la toma de decisiones en organizaciones agrícolas en Puerto Rico. Al seguir las reglas establecidas en el Manual de Procedimientos Parlamentarios y adoptar las Reglas de Robert, las cooperativas y asociaciones pueden asegurar que sus reuniones se desarrollen de manera justa, equitativa y eficiente. La justicia, la igualdad de voz y el orden en las deliberaciones son principios fundamentales que garantizan que todas las voces sean escuchadas y que las decisiones se tomen de manera democrática, promoviendo así una gobernanza eficiente y participativa en el sector agrícola.

¿Cuáles son los principios más importantes?

Los principios más importantes del procedimiento parlamentario son fundamentales para garantizar que las reuniones sean justas, equitativas y eficientes. Estos principios sirven como base para la estructura de las deliberaciones y la toma de decisiones, asegurando que todas las voces se escuchen y que el proceso sea transparente y organizado. A continuación te detallo los principios clave:

1. Justicia e Imparcialidad

- **Descripción**: Todos los miembros de una organización tienen el derecho de ser tratados de manera justa e imparcial. Ningún miembro o grupo de miembros debe tener un trato preferencial sobre otros, y todas las propuestas deben ser tratadas de la misma manera.
- **Importancia**: Este principio asegura que no haya favoritismo y que las decisiones se tomen basadas en la lógica, la razón y el consenso, no en influencias externas o parciales.
- **Ejemplo en el contexto agrícola**: En una cooperativa agrícola, si se discute la distribución de subvenciones o beneficios, todas las fincas, sin importar su tamaño o importancia, deben ser tratadas de manera equitativa.

2. Igualdad de Voz y Participación

- **Descripción**: Todos los miembros tienen el derecho de expresar sus opiniones y participar en las discusiones y decisiones. Este principio garantiza que ninguna persona domine el debate y que todos los puntos de vista sean escuchados.
- **Importancia**: Permite que las decisiones reflejen el consenso del grupo en lugar de la opinión de una minoría influyente. También fomenta la participación activa de todos los miembros, asegurando que las decisiones tengan un apoyo amplio.
- **Ejemplo en el contexto agrícola**: Durante la discusión de un nuevo proyecto de inversión en infraestructura, cada miembro de la cooperativa, sin importar su rango o antigüedad, tiene derecho a presentar sus opiniones y ser escuchado.

3. Orden en las Deliberaciones

- **Descripción**: Las reuniones deben desarrollarse de manera estructurada y ordenada. Las reglas parlamentarias establecen un formato claro para la presentación y el debate de mociones, lo que permite que las discusiones se mantengan enfocadas y productivas.

- **Importancia**: Evita que las reuniones se conviertan en discusiones caóticas, permitiendo que se debatan los temas de manera organizada, sin interrupciones o desvíos innecesarios. El orden en las deliberaciones asegura que se sigan los procedimientos correctos.

- **Ejemplo en el contexto agrícola**: En una reunión para discutir el presupuesto anual de la cooperativa, el presidente sigue un orden del día claramente establecido, donde cada moción es presentada, debatida y votada en su momento adecuado, sin que se aborden múltiples temas a la vez.

4. Respeto al Derecho de la Mayoría y la Protección de la Minoría

- **Descripción**: Las decisiones en una asamblea se toman por mayoría de votos. Sin embargo, es esencial que los derechos de la minoría se respeten, lo que significa que todos los miembros, incluso aquellos que no están de acuerdo con la decisión final, deben tener la oportunidad de expresar sus puntos de vista y estar representados en el debate.
- **Importancia**: Este principio asegura que las decisiones sean democráticas, pero que también se protejan los derechos de las personas que puedan estar en desacuerdo con la mayoría. Esto fomenta un ambiente de inclusión y respeto dentro de la organización.
- **Ejemplo en el contexto agrícola**: Si la mayoría de los miembros de la cooperativa vota a favor de un proyecto para cambiar las técnicas de cultivo, la minoría que prefiera mantener las técnicas actuales aún tiene derecho a expresar sus preocupaciones y a ser respetada por el grupo.

5. Claridad en la Toma de Decisiones

- **Descripción**: Las reglas parlamentarias proporcionan un proceso claro para la toma de decisiones, lo que incluye la presentación de mociones, el debate y la votación. Las mociones deben ser claras y comprensibles, y el proceso debe ser transparente para todos los miembros.

- **Importancia**: La claridad en la toma de decisiones evita confusiones y malentendidos. También asegura que todos los miembros sepan exactamente sobre qué están votando y cuáles son las implicaciones de sus decisiones.

- **Ejemplo en el contexto agrícola**: Si una cooperativa agrícola discute la adquisición de nueva maquinaria, la moción debe especificar claramente qué tipo de equipo se va a comprar, cuánto costará y cómo se financiará, para que los miembros puedan votar con conocimiento de causa.

6. Eficiencia

- **Descripción**: El procedimiento parlamentario está diseñado para que las reuniones se desarrollen de manera eficiente, evitando discusiones prolongadas o desorganizadas. El objetivo es que se tomen decisiones de manera ágil y efectiva, sin sacrificar la equidad o la transparencia.
- **Importancia**: Asegura que las reuniones no se alarguen innecesariamente y que se cumpla el orden del día. Las reglas permiten manejar el tiempo de manera productiva, garantizando que los asuntos se resuelvan con prontitud.

- **Ejemplo en el contexto agrícola**: Durante una reunión sobre la planificación de la cosecha, el presidente utiliza las reglas parlamentarias para limitar el tiempo de debate, asegurándose de que todos los temas de la agenda sean abordados antes de que finalice la reunión.

-

7. Flexibilidad dentro de los Procedimientos

- **Descripción**: Aunque las reglas parlamentarias proporcionan un marco rígido para las reuniones, también permiten cierta flexibilidad cuando es necesario. Esto incluye la posibilidad de suspender temporalmente algunas reglas para facilitar el debate o la toma de decisiones.
- **Importancia**: La flexibilidad es esencial en situaciones en las que se requiere tomar decisiones rápidas o cuando se debe adaptar el procedimiento a una circunstancia particular. Sin embargo, debe utilizarse con cautela para no comprometer la transparencia y la equidad.
- **Ejemplo en el contexto agrícola**: Si una reunión de la cooperativa se alarga más de lo esperado, los miembros pueden presentar una moción para extender el tiempo de la reunión, lo que permite completar la agenda sin violar el procedimiento establecido.

8. Protección de los Derechos Individuales

- **Descripción**: El procedimiento parlamentario protege los derechos individuales de cada miembro, permitiéndoles hablar, votar y participar en las decisiones sin temor a represalias o restricciones indebidas.
- **Importancia**: Este principio garantiza que todos los miembros, independientemente de su estatus dentro de la organización, tengan los mismos derechos para participar en el proceso democrático.
- **Ejemplo en el contexto agrícola**: En una discusión sobre la implementación de prácticas sostenibles en las fincas, un miembro de la cooperativa tiene el derecho de presentar una moción para discutir la viabilidad económica de esas prácticas, aunque su opinión difiera de la mayoría.

Resumen de los Principios Más Importantes del Procedimiento Parlamentario

Principio	Descripción	Ejemplo en el Contexto Agrícola
Justicia e Imparcialidad	Todos los miembros deben ser tratados de manera justa y sin favoritismos.	La cooperativa distribuye subvenciones equitativamente entre todas las fincas, sin importar su tamaño o influencia.
Igualdad de Voz y Participación	Todos los miembros tienen derecho a participar y ser escuchados en las deliberaciones.	Cada miembro tiene la oportunidad de opinar sobre un proyecto de inversión agrícola, sin que un grupo domine la discusión.

Orden en las Deliberacione s	Las reuniones se desarrollan de manera estructurada, siguiendo un orden preestablecido.	El presidente sigue un orden del día claro, debatiendo y votando sobre cada tema uno a uno.
Mayoría y Protección de la Minoría	La mayoría toma las decisiones, pero los derechos de la minoría son respetados.	Aunque la mayoría vota por cambiar las técnicas de cultivo, la minoría sigue teniendo voz en las discusiones.
Claridad en la Toma de Decisiones	Las mociones y decisiones deben ser claras y comprensibles para todos los miembros.	La moción para comprar maquinaria especifica el costo y cómo se financiará.
Eficiencia	Las reglas aseguran que las reuniones sean	El presidente limita el tiempo de debate para cumplir con el

	productivas y se tomen decisiones rápidamente.	orden del día y tomar decisiones dentro del tiempo previsto.
Flexibilidad	Las reglas permiten cierta flexibilidad para adaptarse a circunstancias particulares.	Se extiende el tiempo de la reunión para asegurar que todos los temas de la agenda sean tratados.
Protección de los Derechos Individuales	Cada miembro tiene el derecho de hablar, votar y presentar mociones sin restricciones.	Un miembro presenta una moción para discutir un proyecto alternativo, aunque su propuesta sea minoritaria.

Estos principios son fundamentales para el buen funcionamiento de las organizaciones que adoptan el procedimiento parlamentario, ya que permiten una toma de decisiones democrática, equitativa y eficiente. En el contexto de las cooperativas agrícolas, estos principios aseguran que las decisiones sobre el uso de los recursos, la producción y la distribución de beneficios se tomen de manera justa y ordenada, promoviendo la participación activa de todos los miembros y evitando conflictos internos.

¿Qué ejemplos hay de eficiencia parlamentaria?

La eficiencia parlamentaria se refiere a la capacidad de una reunión o asamblea para tomar decisiones de manera rápida, ordenada y efectiva, respetando al mismo tiempo la equidad y la participación de los miembros. A través de la aplicación adecuada del procedimiento parlamentario, las reuniones se pueden llevar a cabo sin desorganización ni demoras innecesarias. A continuación, te doy algunos ejemplos prácticos de cómo se puede lograr la eficiencia parlamentaria en una organización, con énfasis en el contexto agrícola:

Ejemplo 1: Uso de una Agenda Clara y Bien Definida

Situación:

En una reunión de una cooperativa agrícola, se deben discutir varios temas importantes, como la compra de insumos, la planificación de la cosecha, y la aprobación del presupuesto anual.

Cómo se logra la eficiencia:

- **Preparación anticipada**: El presidente y el secretario preparan y distribuyen la agenda con anticipación, especificando los temas que se discutirán y el tiempo asignado para cada uno.
- **Enfoque en el orden del día**: El presidente sigue estrictamente la agenda, limitando las discusiones a los temas programados y evitando desviaciones o discusiones prolongadas sobre temas no incluidos en el orden del día.
- **Ahorro de tiempo**: La preparación anticipada y el respeto por el orden del día permiten que la reunión avance de manera eficiente, abordando todos los temas dentro del tiempo previsto.

Ejemplo en el contexto agrícola:

Durante la discusión sobre la planificación de la próxima cosecha, el presidente asegura que el debate se mantenga centrado en las técnicas y cronograma acordados, sin desviarse hacia otros temas no relacionados, como la distribución de fondos para la maquinaria.

Ejemplo 2: Limitar el Tiempo de Intervención

Situación:

Una cooperativa agrícola está debatiendo una moción para comprar un nuevo sistema de riego, pero algunos miembros tienden a hablar extensamente, repitiendo argumentos o presentando temas no relacionados.

Cómo se logra la eficiencia:

- **Límite de tiempo**: El presidente establece un límite de tiempo para cada intervención, por ejemplo, 3 minutos por orador, asegurando que todos los participantes tengan la oportunidad de hablar, pero sin prolongar innecesariamente el debate.

- **Control del debate**: Si algún miembro se desvía del tema o excede el tiempo asignado, el presidente interviene educadamente para pedir que se mantengan dentro del tema o que concluyan su intervención.
- **Resultado**: La reunión avanza más rápido y se toman decisiones sin prolongar las discusiones innecesariamente.

Ejemplo en el contexto agrícola:

Durante una reunión para decidir la compra de insumos agrícolas, los miembros tienen un tiempo limitado para expresar sus puntos de vista sobre los tipos de fertilizantes o semillas que se deben adquirir, lo que asegura que todas las opiniones se escuchen sin que el debate se prolongue indefinidamente.

Ejemplo 3: Uso de Mociones Subsidiarias para Cerrar el Debate

Situación:

En una reunión, después de un largo debate sobre la renovación de maquinaria agrícola, se siguen repitiendo los mismos puntos. Los miembros ya están listos para votar, pero algunos siguen proponiendo más discusiones.

Cómo se logra la eficiencia:

- **Moción para cerrar el debate**: Un miembro presenta una **moción para cerrar el debate** ("moción de orden para la pregunta"), lo que permite que el presidente someta la moción principal a votación inmediatamente, sin más discusiones.
- **Ahorro de tiempo**: Al cerrar el debate en el momento adecuado, se evita que el tiempo de la reunión se consuma en discusiones repetitivas o innecesarias, lo que permite avanzar hacia la votación y las decisiones.
- **Resultado**: La reunión continúa de manera eficiente, evitando discusiones innecesarias y asegurando que se llegue a una decisión oportuna.

Ejemplo en el contexto agrícola:

Después de discutir extensamente sobre la compra de un tractor para la cooperativa, un miembro propone cerrar el debate. La moción es secundada y aprobada, lo que permite pasar directamente a la votación sobre la compra del tractor.

Ejemplo 4: Delegación de Tareas a Comités

Situación:

La cooperativa agrícola necesita investigar nuevas opciones de financiamiento y maquinaria, pero discutir estos temas en detalle durante la reunión general podría tomar mucho tiempo y retrasar otras decisiones importantes.

Cómo se logra la eficiencia:

- **Creación de un comité**: En lugar de tratar todos los detalles en la reunión general, se crea un **comité especializado** para investigar las opciones de financiamiento o de maquinaria y presentar un informe con recomendaciones en la próxima reunión.
- **Eficiencia en las reuniones**: Esto permite que la asamblea general se concentre en temas más urgentes o de decisión inmediata, dejando los detalles técnicos o complejos al comité, que luego presentará un resumen eficiente.
- **Resultado**: Las decisiones se toman de manera más ágil y eficiente, sin que las reuniones generales se prolonguen innecesariamente.

Ejemplo en el contexto agrícola:

La cooperativa delega a un comité especializado la tarea de evaluar la compra de nueva maquinaria para la cosecha y la posible obtención de préstamos agrícolas. El comité investiga y presenta un informe con las opciones recomendadas, lo que permite a los miembros tomar una decisión informada sin prolongar la reunión.

Ejemplo 5: Uso de Mociones Incidentes para Resolver Cuestiones Procedimentales

Situación:

Durante una reunión de la cooperativa, surge una duda sobre si una moción para modificar el reglamento puede ser discutida en ese momento, lo que interrumpe el flujo de la reunión.

Cómo se logra la eficiencia:

- **Uso de una moción incidental**: Un miembro solicita una **consulta parlamentaria** para aclarar si la moción puede ser debatida. El presidente responde a la consulta, aclarando el procedimiento, lo que permite que la reunión continúe sin demoras significativas.
- **Resultado**: Resolver la cuestión procesal rápidamente evita confusiones y permite que la reunión siga su curso sin interrumpir el orden del día.

Ejemplo en el contexto agrícola:

Durante la revisión de los estatutos de la cooperativa, surge una duda sobre si es necesario un quórum especial para aprobar enmiendas al reglamento. Un miembro plantea una moción incidental, y el presidente aclara la situación, lo que permite seguir con la discusión sin más interrupciones.

Ejemplo 6: Uso de Mociones para Postergar o Aplazar un Tema

Situación:

Durante una reunión, surge un tema inesperado o se da cuenta de que no hay suficiente información disponible para tomar una decisión informada sobre un proyecto agrícola importante, como la implementación de prácticas de agricultura sostenible.

Cómo se logra la eficiencia:

- **Moción para aplazar**: Un miembro presenta una **moción para aplazar** la discusión sobre ese tema hasta una próxima reunión, cuando se disponga de más información o recursos.

- **Ahorro de tiempo**: Esto permite que la reunión continúe con otros temas más urgentes, evitando que se consuma tiempo en discusiones para las que no se está preparado.
- **Resultado**: La reunión avanza sin perder tiempo en temas que no están completamente preparados, manteniendo el enfoque en los asuntos que se pueden resolver en ese momento.

Ejemplo en el contexto agrícola:

La cooperativa discute la posibilidad de implementar un sistema de agricultura sostenible, pero no se dispone de suficiente información técnica o financiera en ese momento. Un miembro propone aplazar el debate hasta que se recaben más datos, lo que permite que la reunión continúe con otros temas del orden del día.

Ejemplo 7: Utilización de Votación por Aclamación o Consentimiento Unánime

Situación:

Se propone una moción en la que parece haber un consenso general, como la aprobación de un pequeño gasto para la reparación de equipos agrícolas. No parece haber oposición ni necesidad de un largo debate.

Cómo se logra la eficiencia:

- **Votación por aclamación**: El presidente puede proponer una votación por **aclamación** o **consentimiento unánime**, donde la moción se aprueba si nadie objeta, sin necesidad de un proceso formal de votación.
- **Resultado**: Se evita el tiempo que normalmente se requeriría para una votación formal, lo que permite que la reunión continúe rápidamente hacia otros temas.

Ejemplo en el contexto agrícola:

Se propone aprobar un gasto menor para reparar el tractor de la cooperativa. Como todos los miembros parecen estar de acuerdo, el presidente propone una votación por aclamación y, al no haber objeciones, la moción se aprueba rápidamente.

Resumen de Ejemplos de Eficiencia Parlamentaria

Ejemplo	Descripción	Resultado
Agenda clara y bien definida	Preparar una agenda detallada y seguirla estrictamente.	Mantener la reunión enfocada y eficiente.
Limitar el tiempo de intervención	Establecer límites de tiempo para las intervenciones de los miembros.	Evitar que las discusiones se alarguen innecesariamente.
Cerrar el debate con mociones	Usar mociones para cerrar el debate y	

Capítulo 2: La Estructura de las Reuniones Parlamentarias

El éxito de cualquier organización agrícola, ya sea una cooperativa, junta comunitaria o asociación de agricultores, depende en gran medida de la estructura y organización de sus reuniones. Los procedimientos parlamentarios proporcionan un marco para estas reuniones, asegurando que todas las voces sean escuchadas y que las decisiones se tomen de manera ordenada, justa y eficiente.

Convocatoria de la Reunión

La convocatoria de las reuniones en las organizaciones agrícolas sigue normas específicas que dependen del tipo de reunión que se desea realizar. Estas son algunas de las más comunes:

1. **Reuniones Ordinarias**: Son las reuniones regulares que se llevan a cabo según un cronograma previamente establecido, por ejemplo, mensualmente o trimestralmente. Estas reuniones suelen tener una agenda predefinida y son la oportunidad para tratar los asuntos regulares de la cooperativa o asociación, como la revisión de informes

financieros, la planificación de actividades agrícolas y la discusión de subvenciones o proyectos en curso.

Ejemplo: Una cooperativa agrícola puede celebrar una reunión ordinaria para discutir el estado de un proyecto de infraestructura agrícola financiado por fondos federales, siguiendo un orden del día preestablecido.

2. **Reuniones Extraordinarias**: Estas reuniones se convocan para tratar asuntos urgentes que no pueden esperar hasta la próxima reunión ordinaria. El propósito de estas reuniones puede variar desde responder a una crisis agrícola, como una plaga o desastre natural, hasta tomar decisiones sobre nuevas oportunidades de financiamiento o alianzas estratégicas.

Ejemplo: Una reunión extraordinaria podría convocarse para decidir la implementación urgente de medidas preventivas ante una sequía que amenaza las cosechas de la comunidad agrícola.

3. **Reuniones de Emergencia**: Estas reuniones se convocan en situaciones de extrema urgencia donde es necesario tomar decisiones inmediatas. Por lo general, las decisiones que se toman en estas reuniones se refieren a situaciones críticas, como la pérdida de una cosecha debido a condiciones climáticas severas o la rápida adaptación a cambios en políticas gubernamentales.

Ejemplo: Una junta agrícola puede convocar una reunión de emergencia para discutir y aprobar acciones frente a un huracán inminente que puede afectar severamente las operaciones agrícolas.

Orden del Día

El orden del día es un componente esencial de cualquier reunión parlamentaria, ya que proporciona un esquema claro de los temas que se discutirán y en qué orden. En el contexto agrícola, la agenda puede incluir puntos específicos relacionados con la gestión de recursos, decisiones sobre el cultivo, la infraestructura y las subvenciones.

1. **Estructuración de la Agenda**: La agenda debe ser planificada con anticipación y distribuida a los miembros antes de la reunión para permitir la preparación adecuada. En una organización agrícola, el orden del día puede incluir:
   - Aprobación del acta de la reunión anterior.
   - Informes del presidente, secretario, y comités sobre proyectos en curso (ej. instalación de sistemas de riego o compra de equipo agrícola).
   - Discusión sobre subvenciones agrícolas disponibles, proyectos de infraestructura, o implementación de prácticas de agricultura sostenible.
   - Propuestas de nuevos proyectos o actividades comunitarias relacionadas con la producción agrícola.
   - Discusión y votación de mociones pendientes.

Ejemplo de Orden del Día para una Cooperativa Agrícola:

- ○ Apertura de la reunión.
- ○ Lectura y aprobación del acta anterior.
- ○ Informe del tesorero sobre el balance de los fondos de la cooperativa.
- ○ Discusión sobre la compra de maquinaria agrícola.
- ○ Propuestas de enmienda al reglamento de la cooperativa.
- ○ Nuevos asuntos: Discusión sobre la implementación de un sistema de riego comunitario.
- ○ Votación de mociones pendientes.
- ○ Clausura de la reunión.

Roles Claves en las Reuniones Parlamentarias Agrícolas

El éxito de una reunión depende de la clara asignación de roles y responsabilidades. Estos son los roles clave en las reuniones parlamentarias dentro del sector agrícola:

1. **Presidente**: El presidente tiene la responsabilidad de dirigir la reunión. Esto incluye mantener el orden, asegurar que los

temas se discutan de manera justa y eficiente, y que se respeten las reglas parlamentarias. El presidente debe permanecer imparcial durante las discusiones y solo votar en caso de un empate.

Ejemplo: En una cooperativa, el presidente modera la discusión sobre una moción para invertir en nuevas tecnologías agrícolas, asegurando que todos los miembros puedan expresar sus opiniones antes de la votación.

2. **Secretario**: El secretario es responsable de registrar todas las decisiones y acciones de la reunión, incluyendo las mociones presentadas, los votos y los resultados. Estos registros se presentan como las actas de la reunión, que son cruciales para la transparencia y el seguimiento de las decisiones.

Ejemplo: El secretario registra los detalles de una moción aprobada para solicitar fondos para la adquisición de semillas mejoradas.

3. **Tesorero**: El tesorero presenta informes financieros sobre el estado de los fondos de la organización. Este rol es especialmente importante en las cooperativas agrícolas donde las decisiones financieras, como la compra de equipos o la gestión de subvenciones, deben ser discutidas y aprobadas en las reuniones.

   Ejemplo: El tesorero presenta un informe detallado del saldo financiero actual de la cooperativa y los gastos relacionados con la implementación de un proyecto de energía renovable en la finca.

4. **Otros Roles**: Dependiendo del tamaño y la estructura de la organización, pueden existir otros roles, como el vicepresidente (quien sustituye al presidente en su ausencia) o coordinadores de comités especializados en áreas como sostenibilidad, producción agrícola, o relaciones comunitarias.

Proceso para Presentar Mociones

Las mociones son propuestas formales que se hacen durante las reuniones para que la asamblea considere y vote. Existen varios tipos de mociones que pueden ser utilizadas en las organizaciones agrícolas, y cada una tiene su función específica:

1. **Mociones Principales**: Son propuestas que presentan un tema nuevo para que la asamblea lo discuta y decida. En el sector agrícola, una moción principal puede tratar sobre la compra de nueva maquinaria, la implementación de un proyecto de riego o la solicitud de una subvención agrícola.

   Ejemplo: "Propongo que la cooperativa compre un nuevo tractor utilizando los fondos de la última subvención."

2. **Mociones Subsidiarias**: Estas mociones modifican o afectan la moción principal. Pueden ser usadas para enmendar, aplazar, o limitar el debate sobre una propuesta.

Ejemplo: "Propongo enmendar la moción para que, en lugar de comprar un tractor nuevo, se utilicen los fondos para la reparación del equipo existente."

3. **Mociones Privilegiadas**: Se refieren a asuntos urgentes que deben tratarse inmediatamente, como la suspensión temporal de la reunión o un receso.

Ejemplo: "Propongo que tomemos un receso de 10 minutos."

4. **Mociones Incidentales**: Surgen de otras mociones y pueden ser usadas para cuestionar el proceso parlamentario, como un punto de orden si alguien considera que no se está siguiendo correctamente el procedimiento.

Ejemplo: "Pido un punto de orden, el debate ha excedido el tiempo permitido."

El proceso de presentación de mociones sigue un orden estructurado: un miembro pide la palabra, presenta la moción, otro miembro la secunda, se abre el debate y, finalmente, se somete a votación.

Tipo de Mociones	Descripción	Ejemplo
Mociones Principales	Propuesta que introduce un nuevo tema o asunto para ser discutido y votado.	Proponer la compra de nueva maquinaria agrícola.
Mociones Subsidiarias	Mociones que modifican o afectan la moción principal, como enmiendas, aplazamientos o limitaciones del debate.	Proponer enmiendas a una moción existente, como cambiar el uso de fondos.
Mociones Privilegiadas	Mociones que tratan asuntos urgentes que deben atenderse de inmediato, como recesos o suspensiones.	Proponer un receso de la reunión.
Mociones Incidentales	Mociones que surgen de otras	Pedir un punto de orden por no

	mociones y tratan sobre procedimientos parlamentarios o reglas.	seguir el procedimiento adecuado.

Importancia General de las mociones en el areá Agrícola

En el sector agrícola, donde las decisiones pueden tener un impacto significativo en la producción, sostenibilidad y economía de las comunidades, el uso adecuado de estas mociones es esencial para garantizar que todas las decisiones se tomen de manera justa y eficiente. Al comprender y aplicar correctamente cada tipo de moción, los miembros de una cooperativa o junta agrícola pueden asegurarse de que sus reuniones sean productivas y que las decisiones reflejen verdaderamente los intereses de todos los participantes.

Este sistema de mociones, basado en las *Reglas de Orden de Robert*, es una herramienta invaluable para las organizaciones agrícolas, proporcionando una estructura que permite debates equilibrados, toma de decisiones claras y respeto por el procedimiento democrático.

Las mociones subsidiarias y mociones principales tienen diferencias clave en su propósito, cuándo se presentan y su función dentro del procedimiento parlamentario. A continuación te detallo sus características y diferencias:

Mociones Principales

Estas mociones son las propuestas centrales o primarias que introducen un nuevo asunto para que la asamblea lo discuta y tome una decisión. Son el punto de partida para cualquier debate importante y constituyen el núcleo de la discusión en una reunión.

- **Función**: Introducir nuevos temas o propuestas para su discusión y votación. **Ejemplo**: "Propongo que la cooperativa invierta en la compra de un tractor nuevo."

- **Cuándo se presentan**: Las mociones principales se presentan cuando no hay ningún otro asunto pendiente o en discusión, ya que su objetivo es introducir un nuevo tema.
- **Importancia**: Son esenciales para la toma de decisiones en las reuniones, ya que son las propuestas que afectan directamente las operaciones o políticas de la organización.
- **Efecto en la reunión**: Al presentarse una moción principal, se inicia el debate formal sobre el asunto propuesto, lo que puede incluir la discusión de su viabilidad, su impacto y cualquier objeción que puedan tener los miembros. Una vez discutida, se vota.

Mociones Subsidiarias

Las mociones subsidiarias no introducen nuevos temas, sino que afectan directamente a una moción principal o la modifican de alguna manera antes de que se tome una decisión definitiva. Tienen el objetivo de ajustar, aplazar, modificar o limitar la moción principal.

- **Función**: Modificar, ajustar, aplazar o cambiar una moción principal antes de su votación.

  Ejemplo: "Propongo enmendar la moción para que, en lugar de comprar un tractor nuevo, se utilicen los fondos para la reparación del equipo existente."

- **Cuándo se presentan**: Las mociones subsidiarias se presentan **mientras se debate una moción principal**. Su función es mejorar la moción principal o facilitar su tratamiento antes de proceder a una votación final.

- **Importancia**: Estas mociones permiten ajustar la moción principal para que sea más aceptable o realista, lo que ayuda a evitar decisiones apresuradas o inapropiadas.

- **Efecto en la reunión**: Las mociones subsidiarias pueden cambiar la dirección del debate. Por ejemplo, si se propone aplazar la discusión de una moción, el tema no se votará en la misma reunión. También permiten modificar las mociones para incluir más detalles o cambiar parte de su contenido.

Diferencias Clave

Característica	Mociones Principales	Mociones Subsidiarias
Propósito	Introducir un tema nuevo para discusión	Modificar, ajustar o afectar una moción principal
Momento de presentación	Se presentan cuando no hay ningún tema en debate	Se presentan mientras se debate una moción principal
Impacto	Proponen la discusión y votación de un asunto clave	Afectan o modifican la moción principal antes de su votación

Ejemplos	Propuesta de un nuevo proyecto agrícola	Propuesta de enmendar, aplazar o modificar la moción principal

Ejemplo práctico en una reunión agrícola:

- **Moción Principal**: "Propongo que la cooperativa compre un nuevo tractor."
- **Moción Subsidiaria**: "Propongo enmendar la moción principal para que se considere la compra de un tractor más pequeño y económico."

En este caso, la **moción subsidiaria** modifica la **moción principal** antes de que se vote, ajustando los detalles para que sea más aceptable o adecuada a las necesidades del grupo.

Ambos tipos de mociones son esenciales para que las reuniones se desarrollen de manera organizada y eficiente, permitiendo que se tomen decisiones informadas y consensuadas.

Las **mociones incidentales** se presentan durante una reunión parlamentaria para abordar asuntos relacionados con el procedimiento o las reglas, que surgen de otras mociones o de la forma en que se desarrolla la reunión. Estas mociones no se relacionan con el contenido del tema en discusión, sino con el proceso y se utilizan para aclarar, corregir, o resolver cuestiones sobre cómo se está conduciendo la reunión.

Cómo se presentan las mociones incidentales:

1. **Intervención durante el debate**: Las mociones incidentales pueden presentarse en cualquier momento durante una reunión, incluso mientras se debate una moción principal o subsidiaria. No es necesario esperar a que finalice la discusión de una moción o que haya una pausa en la reunión.
2. **Sin necesidad de ser secundadas**: Generalmente, las mociones incidentales **no necesitan ser secundadas** por otro miembro de la asamblea. Se consideran automáticas cuando se plantean, ya que su función es aclarar un asunto o corregir un error en el procedimiento.

3. **Sin debate**: Estas mociones **no están sujetas a debate**. El objetivo es resolver la cuestión procesal de forma rápida para que la reunión pueda continuar sin interrupciones importantes. Una vez presentada la moción incidental, el presidente la resuelve o, en algunos casos, se puede someter a votación rápida.

4. **Resolución inmediata**: El presidente de la reunión suele resolver la moción incidental de inmediato. Dependiendo de la situación, el presidente puede dar una respuesta o tomar una decisión sobre el punto de procedimiento planteado.

Tipos de Mociones Incidentales y Ejemplos de Presentación:

1. **Punto de Orden (Point of Order)**
   o **Función**: Se utiliza cuando un miembro cree que no se está siguiendo correctamente el procedimiento parlamentario o las reglas de la asamblea.
   o **Cómo se presenta**: Un miembro simplemente se levanta y dice: "Pido un punto de orden" o "Señor presidente, hay un punto de orden."

- Ejemplo: Si un miembro está hablando fuera de turno o si se está discutiendo un tema no relacionado con la moción en cuestión, otro miembro puede decir: "Pido un punto de orden porque se está debatiendo un tema fuera del orden del día."

2. **Consulta Parlamentaria (Parliamentary Inquiry)**

   - **Función**: Permite a un miembro solicitar aclaraciones al presidente sobre las reglas parlamentarias o el procedimiento en curso.

   - **Cómo se presenta**: Un miembro se dirige al presidente y dice: "Pido una consulta parlamentaria."

   - **Ejemplo**: Si un miembro no está seguro de si es apropiado presentar una moción en ese momento, puede decir: "Pido una consulta parlamentaria. ¿Es este el momento adecuado para proponer una enmienda a la moción principal?"

3. **División de la Asamblea (Division of the Assembly)**
   - o **Función**: Se utiliza cuando un miembro duda de los resultados de una votación por voz o por mano alzada y solicita una votación más precisa, como un conteo de votos.
   - o **Cómo se presenta**: El miembro se levanta y dice: "Pido una división de la asamblea."
   - o **Ejemplo**: Después de una votación por voz que parece estar muy cerrada, un miembro puede decir: "Pido una división de la asamblea para que se realice una votación más precisa por conteo de manos."
4. **Objeción a la Consideración de una Moción (Objection to the Consideration of a Question)**
   - o **Función**: Se usa para evitar que una moción se considere si se cree que es innecesaria, irrelevante o perjudicial para la organización.
   - o **Cómo se presenta**: Un miembro dice: "Objeción a la consideración de esta moción."

- Ejemplo: Si se presenta una moción para debatir un tema que ya ha sido tratado y cerrado en una reunión anterior, otro miembro podría decir: "Objeción a la consideración de esta moción."

5. **Solicitud de Suspensión de las Reglas (Suspend the Rules)**
   - **Función**: Se utiliza para suspender temporalmente una regla de procedimiento o normativa interna, para permitir que se lleve a cabo una acción que normalmente no estaría permitida por las reglas.
   - **Cómo se presenta**: El miembro se levanta y dice: "Propongo que se suspendan las reglas para... [incluir la acción propuesta]."
   - **Ejemplo**: Si las reglas de la organización establecen que las reuniones deben durar una hora, pero se necesita más tiempo para finalizar la discusión de un tema, un miembro podría decir: "Propongo que se suspendan las reglas para extender la reunión por 30 minutos adicionales."

6. **Solicitud de Aclaración o Información (Point of Information)**
    o **Función**: Se utiliza para solicitar información adicional o una aclaración sobre el tema que se está discutiendo.
    o **Cómo se presenta**: El miembro se dirige al presidente y dice: "Pido un punto de información."
    o **Ejemplo**: Si un miembro necesita más detalles sobre los costos de una propuesta de inversión en equipos agrícolas, puede decir: "Pido un punto de información. ¿Cuáles son los costos totales estimados de esta propuesta?"

Resumen del Procedimiento para Presentar Mociones Incidentales:

1. El miembro que desea presentar una moción incidental se levanta o pide la palabra de inmediato.
2. El miembro hace la moción con una frase directa (por ejemplo, "Pido un punto de orden" o "Pido una consulta parlamentaria").
3. El presidente resuelve la moción incidental de manera rápida y directa, sin necesidad de debate.

4. En algunos casos, la decisión puede ser tomada por el presidente o puede requerir una votación rápida entre los miembros presentes.

Importancia de las Mociones Incidentales en el Contexto Agrícola

En el sector agrícola, donde las reuniones pueden involucrar decisiones cruciales sobre inversiones, uso de la tierra o subvenciones, es esencial que los procedimientos parlamentarios se sigan correctamente para evitar malentendidos o errores. Las mociones incidentales permiten a los miembros asegurarse de que las reglas y procedimientos se estén cumpliendo, lo que garantiza que las decisiones sean justas, ordenadas y respeten la normativa interna de la organización.

Por ejemplo, si una cooperativa agrícola está votando sobre la distribución de fondos para la compra de equipo, un miembro puede usar una moción incidental para aclarar las reglas de votación, solicitar más información o asegurarse de que los procedimientos de la reunión se sigan de acuerdo con las normativas. Las mociones incidentales son herramientas poderosas para mantener la integridad y la fluidez de las reuniones parlamentarias, asegurando que todos los miembros puedan participar de manera justa y que las decisiones se tomen correctamente. La moción de cierre es una herramienta parlamentaria utilizada para finalizar una reunión de manera formal en el contexto de procedimientos parlamentarios. En las cooperativas agrícolas y otras organizaciones, la moción de cierre es esencial para asegurar que la reunión se termine oficialmente, garantizando que todos los temas pendientes se hayan tratado adecuadamente y que no queden asuntos sin resolver.

Características y Procedimiento de la Moción de Cierre

1. **Propósito**: La moción de cierre tiene el objetivo de poner fin a la reunión una vez que todos los puntos del orden del día han sido discutidos y resueltos. Es una señal formal de que no quedan más asuntos por tratar y que los trabajos de la asamblea han concluido.
2. **Requisitos para Presentar la Moción**:
   - Para que la moción sea válida, debe ser propuesta por un miembro con derecho a voto.

- La moción de cierre generalmente requiere un segundo para ser considerada, lo que significa que otro miembro debe apoyar la propuesta para proceder con la votación.
- No es una moción debatible, lo que significa que no se permite discusión sobre ella; simplemente se vota.
- En la mayoría de los casos, solo se necesita una **mayoría simple** (más del 50% de los votos) para aprobar la moción de cierre.

3. **Proceso para la Moción de Cierre**:
   - Un miembro dice: "Propongo que se cierre la reunión."
   - Otro miembro dice: "Secundo la moción."
   - El presidente procede a preguntar a la asamblea: "¿Están de acuerdo en cerrar la reunión?" Luego, se realiza la votación.

4. **Consideraciones Especiales**:
   - La moción de cierre no debe presentarse si todavía hay asuntos importantes en el orden del día que no se han tratado. Hacerlo podría

considerarse inapropiado o incluso fuera de orden.

- o Si se presentan mociones adicionales antes de la votación para cerrar, estas deben ser resueltas antes de proceder con la moción de cierre.
- o En situaciones excepcionales, la moción de cierre podría no ser apropiada, como en casos de emergencia donde se requiere una discusión inmediata o si la reunión debe ser suspendida en lugar de cerrarse.

Ejemplo en un Contexto Agrícola

En una cooperativa agrícola, después de que se haya discutido el último punto del orden del día (por ejemplo, la aprobación de un nuevo plan de riego), un miembro podría proponer la moción de cierre para finalizar la reunión. Si la moción es secundada y aprobada por la mayoría, el presidente entonces declararía oficialmente la reunión cerrada, dando paso a la finalización de la sesión.

La moción de cierre es una parte fundamental de los procedimientos parlamentarios, ya que asegura el orden y la formalidad en la clausura de las reuniones.

Roles de los puesto de una directiva según las mociones

Los roles clave mencionados en el capítulo (presidente, secretario, y tesorero), otros roles importantes que pueden desempeñar un papel crucial en las reuniones parlamentarias en organizaciones agrícolas incluyen:

Presidente

El **presidente** de una reunión parlamentaria desempeña un rol clave para garantizar que la asamblea se desarrolle de manera ordenada, eficiente y democrática. En organizaciones agrícolas, cooperativas y asociaciones, el presidente tiene la responsabilidad de guiar las discusiones, mantener el orden y asegurar que se sigan los procedimientos correctos para la toma de decisiones. A continuación te detallo las principales funciones del presidente:

Funciones del Presidente en una Reunión Parlamentaria:

1. **Mantener el Orden en la Reunión**
   - El presidente es responsable de mantener el orden durante la reunión, asegurándose de que las discusiones se lleven a cabo de manera organizada y respetuosa. El presidente puede llamar al orden si algún miembro se desvía del tema o si se produce un comportamiento inadecuado.
   - **Ejemplo en el contexto agrícola**: Durante una reunión de una cooperativa agrícola, si varios miembros comienzan a discutir fuera de turno o interrumpen la discusión, el presidente tiene la autoridad de restablecer el orden y guiar el debate de acuerdo con las reglas.

2. **Dirigir el Debate**
   - El presidente tiene la responsabilidad de guiar el debate sobre las mociones presentadas. Esto implica dar la palabra a los miembros de manera equitativa, asegurando que todos tengan la oportunidad de expresar sus

opiniones sin interrupciones. El presidente también decide el orden en que los miembros pueden intervenir.

- o **Ejemplo en el contexto agrícola**: Si se está debatiendo la compra de nuevos equipos agrícolas, el presidente organiza el turno de los oradores, asegurándose de que cada miembro que quiera hablar sobre la moción tenga la oportunidad de hacerlo.

3. **Aplicar las Reglas Parlamentarias**

- o Una de las funciones más importantes del presidente es asegurarse de que las reglas parlamentarias y los estatutos de la organización se sigan de manera correcta. El presidente debe estar familiarizado con el reglamento y aplicar las normas a lo largo de la reunión, resolviendo cuestiones procesales o dudas sobre el procedimiento.

- o **Ejemplo en el contexto agrícola**: Si un miembro presenta una moción de manera incorrecta o fuera de orden, el presidente puede intervenir para aclarar la regla y guiar al miembro para que siga el procedimiento adecuado.

4. **Facilitar la Presentación y Votación de Mociones**

   o El presidente organiza la presentación, el debate y la votación de las mociones. Esto incluye reconocer a los miembros que presentan mociones, permitir el debate sobre las mismas, y someterlas a votación de manera adecuada. El presidente también debe asegurarse de que las mociones sean secundadas cuando sea necesario.

   o **Ejemplo en el contexto agrícola**: Si se propone una moción para invertir en infraestructura agrícola, el presidente confirma que la moción sea secundada, abre el debate y luego lleva la moción a votación una vez finalizado el debate.

5. **Imparcialidad en el Debate**

   o El presidente debe permanecer imparcial durante el debate. No debe expresar su opinión sobre las mociones en discusión ni influir en las decisiones de los miembros. El presidente únicamente puede votar en situaciones específicas, como cuando hay un empate.

o **Ejemplo en el contexto agrícola**: Si la cooperativa está debatiendo una decisión importante sobre la compra de tierras, el presidente no debe tomar partido ni influir en la discusión, sino permitir que los miembros expresen sus puntos de vista de manera libre y ordenada.

6. **Interpretar las Reglas y Resolver Cuestiones Procedimentales**

   o Durante la reunión, pueden surgir preguntas o problemas relacionados con el procedimiento parlamentario. El presidente tiene la función de interpretar las reglas y resolver estos problemas de manera justa. Esto incluye responder a puntos de orden o consultas parlamentarias hechas por los miembros.

   o **Ejemplo en el contexto agrícola**: Si un miembro pide un punto de orden para señalar que no se está siguiendo el procedimiento adecuado, el presidente es responsable de revisar la situación, interpretar la regla correspondiente y tomar una decisión sobre cómo proceder.

7. **Controlar el Tiempo y la Agenda**
   - El presidente debe controlar el tiempo de la reunión para asegurarse de que los temas en la agenda se discutan de manera adecuada sin extenderse demasiado. Esto implica asegurar que los miembros no excedan el tiempo asignado para hablar y que la reunión avance de manera eficiente.
   - **Ejemplo en el contexto agrícola**: En una reunión donde se discuten varios proyectos agrícolas, el presidente puede limitar el tiempo de debate para cada moción, asegurando que todos los temas de la agenda sean tratados dentro del tiempo previsto.
8. **Declarar los Resultados de las Votaciones**
   - Después de que una moción ha sido votada, es responsabilidad del presidente anunciar claramente el resultado de la votación. El presidente debe declarar si la moción ha sido aprobada o rechazada y confirmar la decisión de la asamblea.

o **Ejemplo en el contexto agrícola**: Si se vota sobre un proyecto de riego para una finca comunitaria, el presidente debe anunciar el resultado: "La moción ha sido aprobada por mayoría simple."

9. **Cerrar la Reunión**

   o El presidente es responsable de finalizar la reunión de manera formal. Esto puede hacerse una vez que se haya completado la agenda o cuando la asamblea vote para cerrar la reunión (a través de una moción para levantar la sesión).

   o **Ejemplo en el contexto agrícola**: Una vez que se han discutido todos los puntos en la agenda de una reunión de una cooperativa agrícola, el presidente puede declarar la reunión cerrada: "Se levanta la sesión."

10. **Resolver Situaciones de Empate en la Votación**

    o Si durante una votación hay un empate, el presidente puede emitir el voto decisivo, a menos que las reglas de la organización especifiquen lo contrario. Esto le permite al presidente desempatar y decidir el resultado de la votación.

- ○ **Ejemplo en el contexto agrícola**: Si la votación sobre la compra de fertilizantes tiene un empate de 10 a 10, el presidente puede emitir un voto para romper el empate.

Otras Funciones Adicionales

En algunas organizaciones, especialmente en el sector agrícola, el presidente puede asumir otras responsabilidades como:

- **Representación**: Representar a la organización ante otras entidades, gobiernos o asociaciones.
- **Coordinación de Comités**: Supervisar el trabajo de comités especiales o permanentes dentro de la organización agrícola.
- **Relaciones Externas**: Servir como enlace con agencias gubernamentales o proveedores de servicios relacionados con la agricultura.

Funciones del Presidente:

Función	Descripción
Mantener el Orden	Asegura que las reuniones se desarrollen de manera ordenada y sin interrupciones.
Dirigir el Debate	Da la palabra a los miembros de manera equitativa y organiza las intervenciones.
Aplicar las Reglas Parlamentarias	Asegura que las normas se sigan correctamente durante la reunión.
Facilitar la Presentación de Mociones	Organiza la presentación, el debate y la votación de mociones.
Permanecer Imparcial	No debe influir en el debate y solo vota en casos específicos.
Interpretar y Resolver Procedimientos	Resuelve cuestiones sobre el procedimiento y responde a consultas parlamentarias.
Controlar el Tiempo y la Agenda	Asegura que la reunión avance según lo planificado.

Función	Descripción
Anunciar los Resultados	Declara el resultado de las votaciones.
Cerrar la Reunión	Finaliza formalmente la reunión una vez completada la agenda.
Resolver Empates	Emite el voto de desempate en caso de empate en la votación.

Estas funciones permiten al presidente mantener la estructura y el flujo adecuado de las reuniones, asegurando que todos los miembros tengan la oportunidad de participar y que las decisiones se tomen de manera justa y democrática.

¿Cuál es la diferencia entre presidente y moderador?

La diferencia clave entre un presidente y un moderador radica en sus roles, responsabilidades y el alcance de su autoridad en una reunión parlamentaria. Aunque ambos son figuras importantes en la conducción de reuniones, sus funciones se aplican en diferentes contextos y tienen distintas implicaciones para el desarrollo de la asamblea.

1. Presidente:

El presidente es la figura con la mayor autoridad en una organización y sus reuniones. Su rol es mucho más amplio que el de moderar el debate; incluye responsabilidades administrativas, de liderazgo y de representación dentro de la organización. El presidente no solo dirige la reunión, sino que también tiene un rol decisivo en la toma de decisiones y en la aplicación de las reglas parlamentarias de la organización.

Funciones del Presidente:

- **Autoridad General**: El presidente tiene la autoridad para aplicar y hacer cumplir las reglas parlamentarias. Es el encargado de guiar la organización de manera general y en las reuniones formales.
- **Aplicación de las Reglas Parlamentarias**: El presidente debe interpretar las reglas y estatutos de la organización, asegurando que todos los procedimientos se sigan adecuadamente.

- **Facilitación del Debate**: El presidente modera el debate, otorga la palabra, organiza el flujo de la discusión y asegura que se cumpla el orden del día.
- **Representación**: El presidente es la cara visible de la organización ante otras instituciones y partes interesadas. Representa a la organización en funciones externas o en negociaciones.
- **Voto en Caso de Empate**: En muchas ocasiones, el presidente emite el voto de desempate si la votación de una moción resulta en empate.
- **Responsabilidad Continua**: El presidente tiene un papel constante en la organización, más allá de las reuniones, gestionando y supervisando las actividades de la organización.

En una cooperativa agrícola o asociación de agricultores, el presidente no solo organiza las reuniones, sino que también lidera la organización en la toma de decisiones estratégicas, gestiona la implementación de proyectos y representa los intereses de la cooperativa ante entidades gubernamentales y financieras.

2. Moderador:

El moderador, por otro lado, tiene un rol mucho más enfocado y limitado en comparación con el presidente. Su función principal es facilitar el desarrollo del debate y mantener el orden durante la reunión, sin asumir responsabilidades administrativas o de liderazgo fuera del contexto de esa reunión específica. A menudo, un moderador se nombra temporalmente para dirigir discusiones complejas o para reuniones más amplias, en las que se requiere una figura imparcial que pueda manejar debates de manera eficiente.

Funciones del Moderador:

- **Facilitar el Debate**: La principal responsabilidad del moderador es asegurarse de que el debate fluya sin interrupciones y que los participantes tengan la oportunidad de hablar y expresar sus opiniones de manera equitativa.
- **Mantener la Imparcialidad**: El moderador debe permanecer completamente imparcial y no influir en el contenido del debate. No toma partido ni participa en las decisiones que se debaten.

- **Aplicación del Orden**: Similar al presidente, el moderador se asegura de que se respeten las reglas del procedimiento, pero su autoridad es más limitada y se circunscribe a la duración de la reunión.
- **No Tiene Voto**: A diferencia del presidente, el moderador generalmente no vota y no tiene la capacidad de emitir un voto de desempate, ya que su rol es meramente de facilitador.
- **Responsabilidad Temporal**: El moderador no tiene una función continua en la organización, y su papel suele limitarse a la reunión que se está desarrollando. Una vez que la reunión concluye, sus responsabilidades también terminan.

En una reunión de varias cooperativas agrícolas, donde se discuten decisiones importantes que afectan a todas las partes, se puede nombrar un moderador imparcial para asegurar que el debate sea justo y ordenado. El moderador solo se encarga de guiar la discusión, pero no participa en las decisiones ni tiene responsabilidad en la implementación de las mismas.

Principales Diferencias entre Presidente y Moderador:

Aspecto	Presidente	Moderador
Autoridad General	Tiene autoridad ejecutiva y de liderazgo dentro de la organización.	Tiene autoridad limitada solo durante la reunión.
Aplicación de Reglas	Aplica e interpreta las reglas de manera continua.	Asegura que las reglas se sigan durante la reunión.
Facilitación del Debate	Facilita el debate, pero tiene otras responsabilidades, como representación y votación.	Facilita exclusivamente el debate de manera imparcial.
Participación en Votación	Puede votar para romper un empate (en algunos casos).	No vota ni influye en las decisiones.
Imparcialidad	Aunque debe ser imparcial en el debate, tiene un	Es completamente imparcial y

Aspecto	Presidente	Moderador
	rol más amplio en la organización.	no participa en el debate ni en la toma de decisiones.
Responsabilidad Continua	Tiene responsabilidades más allá de las reuniones.	Su responsabilidad termina cuando concluye la reunión.
Contexto de Uso	Es elegido o designado para liderar la organización a largo plazo.	Se nombra temporalmente para moderar discusiones específicas.

Ejemplo en el Contexto Agrícola:

- **Presidente**: El presidente de una cooperativa agrícola supervisa la planificación y ejecución de un proyecto de riego para la comunidad, organiza las reuniones mensuales, y representa a la cooperativa en negociaciones con el gobierno local para obtener fondos.

- **Moderador**: En una asamblea general de varias cooperativas agrícolas para discutir una nueva regulación sobre el uso del suelo, se nombra a un moderador imparcial para que guíe el debate entre los miembros de diferentes cooperativas y se asegure de que todos los participantes tengan la oportunidad de expresarse. El moderador no toma partido ni vota en las decisiones que se tomen.

El **presidente** es una figura de liderazgo continuo y tiene responsabilidades que abarcan tanto dentro como fuera de las reuniones, el **moderador** es un facilitador temporal, enfocado en garantizar el buen desarrollo de una reunión o debate específico.

¿Qué otros roles pueden apoyar al presidente?

El presidente de una organización, cooperativa o junta agrícola puede contar con el apoyo de varios roles adicionales que lo ayudan a cumplir con sus responsabilidades y a asegurar que la reunión o la gestión de la organización se desarrollen de manera efectiva. Estos roles complementan las funciones del presidente y contribuyen a que las operaciones se mantengan organizadas y productivas.

A continuación te detallo los **roles clave que apoyan al presidente** en sus tareas:

1. Vicepresidente

- **Función**: El vicepresidente es el segundo al mando y apoya directamente al presidente. Asume las funciones del presidente en caso de ausencia o incapacidad, lo que asegura la continuidad en la dirección de la organización. Además, puede supervisar comités o proyectos específicos según lo designado por el presidente.
- **Ejemplo en el contexto agrícola**: Si el presidente está ausente durante una reunión donde se debe votar sobre la compra de equipo agrícola, el vicepresidente toma el control de la reunión, garantizando que el proceso siga de acuerdo con las reglas.

2. Secretario

- **Función**: El secretario tiene un papel administrativo crucial. Es responsable de llevar el registro de las actas de las reuniones, mantener la correspondencia oficial de la organización, y asegurar que se guarde un archivo adecuado de todos los documentos relevantes. El secretario también distribuye las agendas y las minutas antes y después de las reuniones.
- **Ejemplo en el contexto agrícola**: Durante una reunión de la cooperativa, el secretario toma nota de todas las mociones presentadas, registra los resultados de las votaciones y documenta los temas discutidos para el archivo oficial de la organización.

3. Tesorero

- **Función**: El tesorero es responsable de la gestión financiera de la organización. Sus funciones incluyen llevar un registro de las cuentas, preparar informes financieros para las reuniones, supervisar los presupuestos, y asegurarse de que los fondos de la organización se utilicen de manera adecuada. También puede encargarse de realizar pagos y controlar las inversiones o subvenciones recibidas.

- **Ejemplo en el contexto agrícola**: El tesorero presenta un informe financiero durante una reunión, detallando los ingresos generados por la venta de productos agrícolas y los gastos relacionados con la compra de equipos o mejoras en la infraestructura.

4. Vocales o Miembros del Consejo Directivo

- **Función**: Los vocales son miembros del consejo directivo que aportan sus puntos de vista en las decisiones estratégicas y ayudan a supervisar diferentes áreas de la organización. Su función es apoyar al presidente en la toma de decisiones y representar los intereses de los miembros.
- **Ejemplo en el contexto agrícola**: Un vocal puede ser responsable de representar los intereses de los agricultores que se especializan en un cultivo específico (como café o frutas) y colaborar en la planificación de proyectos que beneficien a ese grupo de productores.

5. Coordinadores de Comités

- **Función**: Los coordinadores de comités lideran grupos de trabajo especializados en áreas como finanzas, sostenibilidad, o educación agrícola. Se encargan de supervisar las actividades del comité, organizar reuniones específicas del grupo y presentar informes en las reuniones generales.
- **Ejemplo en el contexto agrícola**: El coordinador del comité de sostenibilidad podría liderar la investigación de nuevas técnicas de agricultura sostenible y presentar sus hallazgos y recomendaciones al presidente y a los miembros durante la reunión.

6. Asesor Técnico o Agrónomo

- **Función**: El asesor técnico o agrónomo proporciona orientación experta sobre asuntos agrícolas y técnicos. Su papel es asegurar que la organización tome decisiones informadas sobre la producción agrícola, el uso de la tierra, y la implementación de tecnologías o métodos de cultivo.

- **Ejemplo en el contexto agrícola**: El asesor técnico puede hacer recomendaciones sobre la mejor manera de optimizar el uso del agua para riego en base a las condiciones climáticas y del suelo, apoyando al presidente en la toma de decisiones relacionadas con la infraestructura agrícola.

7. Moderador

- **Función**: Aunque el moderador no es una figura permanente, puede ser nombrado para dirigir reuniones complejas o cuando es importante mantener una imparcialidad estricta en el debate. El moderador ayuda al presidente a garantizar que las reuniones fluyan de manera ordenada y que todos los miembros tengan la oportunidad de participar equitativamente.
- **Ejemplo en el contexto agrícola**: Durante una asamblea general donde se discuten importantes cambios en las políticas de la organización, se nombra un moderador para guiar el debate y asegurar que todas las opiniones sean escuchadas.

8. Interventor

- **Función**: El interventor se encarga de revisar los informes financieros y asegurarse de que los fondos de la organización se administren de manera correcta y transparente. Apoya al presidente supervisando la veracidad de las cuentas y garantizando que no haya mal uso de los recursos.
- **Ejemplo en el contexto agrícola**: Antes de aprobar un nuevo presupuesto, el interventor revisa el estado financiero de la cooperativa para asegurarse de que los fondos disponibles se usen de manera eficiente en los próximos proyectos agrícolas.

9. Oficial de Relaciones Públicas o Comunicaciones

- **Función**: El oficial de relaciones públicas es responsable de la comunicación externa de la organización. Ayuda al presidente en la difusión de información a los miembros y a la comunidad en general. También maneja la promoción de eventos, proyectos, y logros de la organización.

- **Ejemplo en el contexto agrícola**: El oficial de relaciones públicas puede coordinar la difusión de un nuevo programa de agricultura sostenible implementado por la cooperativa, utilizando medios locales y redes sociales para informar a los miembros y al público.

10. Coordinador de Proyectos

- **Función**: El coordinador de proyectos es responsable de gestionar la implementación de proyectos aprobados por la organización. Trabaja directamente con el presidente para asegurar que los proyectos se ejecuten de manera eficiente y dentro del presupuesto aprobado.
- **Ejemplo en el contexto agrícola**: El coordinador de proyectos puede supervisar la construcción de un sistema de riego financiado por una subvención gubernamental, asegurándose de que el proyecto avance según lo planificado.

11. Miembros de Comités Especiales

- **Función**: Los comités especiales se forman temporalmente para abordar asuntos específicos, como la organización de un evento o la planificación de un proyecto agrícola particular. Los miembros de estos comités trabajan en conjunto con el presidente y otros líderes para desarrollar soluciones a problemas específicos.
- **Ejemplo en el contexto agrícola**: Un comité especial puede ser formado para investigar opciones de financiamiento para la compra de nuevas tierras agrícolas, y presentar sus hallazgos a la junta directiva para su consideración.

Otros Roles Menores que También Apoyan al Presidente:

- **Oficial de Logística**: Coordina los aspectos operativos de las reuniones, asegurando que el espacio esté preparado y que se cuente con los recursos necesarios (equipo de proyección, acceso a documentos, etc.).

- **Miembros**: Aunque no tienen un rol directivo, los miembros activos participan en las decisiones de la organización, apoyando al presidente a través de su participación activa en los debates y votaciones.

Resumen de los Roles que Apoyan al Presidente:

Rol	Función Principal
Vicepresidente	Sustituye al presidente en su ausencia y supervisa actividades específicas.
Secretario	Lleva las actas, gestiona documentos y organiza la agenda de reuniones.
Tesorero	Administra las finanzas de la organización y presenta informes financieros.
Vocales o Miembros del Consejo	Apoyan en la toma de decisiones estratégicas y representan intereses de los miembros.
Coordinadores de Comités	Supervisan y presentan informes sobre áreas específicas de trabajo.

Rol	Función Principal
Asesor Técnico o Agrónomo	Proporciona orientación técnica y especializada sobre asuntos agrícolas.
Moderador	Facilita el debate de manera imparcial durante reuniones complejas.
Interventor	Revisa la administración de los fondos y asegura la transparencia financiera.
Oficial de Relaciones Públicas	Maneja la comunicación externa y promoción de la organización.
Coordinador de Proyectos	Gestiona la implementación de proyectos específicos aprobados por la organización.

Estos roles son esenciales para garantizar que el presidente pueda cumplir con sus responsabilidades de manera eficiente, permitiendo que la organización funcione de manera fluida y exitosa. La delegación de tareas y la colaboración entre estos roles permiten que la organización agrícola crezca, se mantenga organizada y pueda abordar de manera efectiva los desafíos que enfrenta.

¿Cuál es la diferencia entre secretario y vocal?

La **diferencia principal entre el secretario y el vocal** radica en sus **responsabilidades** y el **alcance de sus funciones** dentro de una organización o cooperativa. Ambos son roles clave en el apoyo a la administración de la organización, pero tienen enfoques y tareas distintas.

Secretario:

El secretario es un rol fundamental y administrativo en la organización, encargado de la gestión documental y el registro de las actividades y decisiones que se toman durante las reuniones. Este cargo implica una serie de responsabilidades específicas relacionadas con la documentación, la comunicación y el seguimiento de los asuntos discutidos en las reuniones.

Responsabilidades del Secretario:

1. **Redacción de las Actas**: El secretario es responsable de tomar notas detalladas de todo lo que sucede en una reunión, incluyendo las

mociones presentadas, las discusiones, las decisiones y los resultados de las votaciones. Estas notas se transforman en las actas de la reunión, un registro formal que debe ser preciso y detallado.

- ○ **Ejemplo en el contexto agrícola**: Durante una reunión de una cooperativa agrícola, el secretario toma nota de la discusión sobre la compra de maquinaria agrícola y los resultados de la votación, incluyendo quiénes votaron a favor y en contra.

2. **Manejo de la Correspondencia**: El secretario es responsable de enviar notificaciones oficiales, agendas y otros documentos relevantes a los miembros antes de las reuniones. También puede encargarse de la correspondencia externa de la organización.

- ○ **Ejemplo**: El secretario envía la agenda de una reunión a todos los miembros con anticipación, indicando los puntos que se discutirán, como la aprobación de presupuestos o la discusión sobre subvenciones agrícolas.

3. **Mantenimiento de los Registros**: El secretario organiza y guarda todos los documentos oficiales de la organización, incluidos los estatutos, las actas de reuniones anteriores y la correspondencia. Este archivo permite un fácil acceso a la información necesaria para futuras decisiones.

   o **Ejemplo**: El secretario conserva los registros de todas las reuniones anteriores de la cooperativa, permitiendo a los miembros revisar las decisiones tomadas en años anteriores sobre políticas de producción agrícola.

4. **Preparación de la Agenda**: El secretario trabaja con el presidente para elaborar la agenda de las reuniones, asegurando que todos los puntos importantes sean discutidos y que los documentos necesarios estén disponibles.

   o **Ejemplo**: Antes de una reunión sobre un nuevo proyecto agrícola, el secretario prepara una agenda que incluye la discusión del financiamiento, la logística y los plazos.

5. **Certificación de Documentos**: En algunas organizaciones, el secretario puede certificar la autenticidad de documentos oficiales o decisiones de la junta directiva.

Resumen del Secretario:

- **Enfoque Administrativo**: Se encarga de la documentación y gestión de la información de la organización.
- **Actas de Reunión**: Registra las decisiones y discusiones durante las reuniones.
- **Organización de Documentos**: Mantiene y organiza los archivos oficiales de la organización.
- **Comunicación Interna**: Gestiona la correspondencia y la distribución de la agenda de las reuniones.

Vocal:

El vocal es un miembro del consejo directivo o junta de la organización, cuya función principal es participar en la toma de decisiones estratégicas y representar los intereses de los miembros. Los vocales son miembros elegidos o designados que aportan su experiencia y perspectiva en las deliberaciones de la junta, colaborando con el presidente y otros directivos en la toma de decisiones.

Responsabilidades del Vocal:

1. **Participación en la Toma de Decisiones**: Los vocales son miembros con derecho a voz y voto en las decisiones que toma el consejo directivo. Su función es participar activamente en las discusiones y votar en temas que afectan a la organización.
   - **Ejemplo en el contexto agrícola**: Un vocal vota en la decisión de la cooperativa sobre la inversión en nuevas tecnologías de cultivo o la gestión de proyectos de riego.
2. **Representación de Intereses Específicos**: En algunas organizaciones, los vocales representan a diferentes grupos dentro de la organización, como secciones específicas de la comunidad agrícola (por ejemplo, pequeños productores, agricultores de un área particular, o productores de cultivos específicos).
   - **Ejemplo**: Un vocal puede representar a los agricultores de café en la cooperativa y abogar por sus intereses en la toma de decisiones sobre nuevas

políticas o proyectos que afectan la producción de café.

3. **Supervisión y Evaluación**: Los vocales también tienen la responsabilidad de supervisar las acciones del consejo directivo y evaluar la efectividad de los proyectos y decisiones implementadas.

   o **Ejemplo**: Un vocal supervisa la implementación de un nuevo proyecto de infraestructura agrícola, asegurando que se cumplan los plazos y que el proyecto se ajuste al presupuesto aprobado.

4. **Aportar Ideas y Propuestas**: Los vocales contribuyen activamente a la generación de nuevas ideas, proyectos y propuestas que puedan beneficiar a la organización y sus miembros.

   o **Ejemplo**: Un vocal sugiere un proyecto de colaboración con otras cooperativas para acceder a mejores precios en insumos agrícolas.

5. **Colaboración con el Presidente y Directivos**: Los vocales trabajan junto con el presidente, el tesorero y otros miembros del consejo directivo para garantizar que la

organización esté alineada con sus objetivos estratégicos.

Resumen del Vocal:

- **Enfoque Estratégico**: Participa en la toma de decisiones que afectan la dirección de la organización.
- **Derecho a Votar**: Tiene derecho a voto en las decisiones del consejo directivo.
- **Representación de Intereses**: Puede representar intereses específicos de ciertos grupos dentro de la organización.
- **Supervisión y Propuestas**: Supervisa proyectos y puede sugerir nuevas ideas para el desarrollo de la organización.

Diferencias Clave entre el Secretario y el Vocal:

Aspecto	Secretario	Vocal
Enfoque Principal	Gestión administrativa y documental.	Participación en la toma de decisiones estratégicas.
Tareas Específicas	Redacción de actas, manejo de correspondencia, organización de archivos.	Representación de intereses y supervisión de proyectos.
Derecho a Voto	No tiene derecho a votar en las decisiones del consejo (salvo casos excepcionales).	Tiene derecho a voto en las decisiones de la junta directiva.
Participación en Reuniones	Documenta y organiza las reuniones, pero no participa en la toma de decisiones.	Participa activamente en la discusión y votación de temas estratégicos.
Representación	No representa intereses	Representa los intereses de

Aspecto	Secretario	Vocal
	específicos, se encarga de la logística de las reuniones.	ciertos grupos o miembros de la organización.
Relación con el Presidente	Apoya al presidente en la organización de reuniones y gestión documental.	Colabora con el presidente en la toma de decisiones importantes.

Ejemplo en el Contexto Agrícola:

- **Secretario**: Durante una reunión de una cooperativa agrícola, el secretario registra todos los temas discutidos, las mociones presentadas y las votaciones. Luego distribuye las actas a todos los miembros para que estén al tanto de las decisiones tomadas.

- **Vocal**: Un vocal de la misma cooperativa, que representa a los productores de hortalizas, participa en las decisiones sobre la compra de nuevos insumos agrícolas, defendiendo los intereses de los pequeños productores de su grupo.

El secretario tiene un rol fundamentalmente administrativo y documental, el vocal desempeña un papel más estratégico y representativo en la toma de decisiones. Ambos roles son esenciales para el buen funcionamiento de una organización, pero contribuyen de maneras distintas a su desarrollo.

¿Qué papel juega el tesorero?

El tesorero desempeña un papel clave en la gestión financiera de cualquier organización, cooperativa o junta, asegurándose de que los recursos económicos se utilicen de manera efectiva y transparente. Su responsabilidad principal es manejar todas las finanzas de la organización, desde la administración de los fondos hasta la elaboración de informes financieros que permitan a los miembros tomar decisiones informadas sobre el uso del dinero.

Funciones principales del tesorero:

1. Gestión de Fondos

El tesorero es responsable de recibir, custodiar y desembolsar los fondos de la organización de acuerdo con las decisiones tomadas por la junta o asamblea. Esto implica llevar un registro detallado de todas las transacciones financieras, asegurándose de que los fondos se utilicen correctamente.

- **Ejemplo en el contexto agrícola**: Si una cooperativa agrícola recibe una subvención para mejorar su infraestructura, el tesorero es quien recibe los fondos, los deposita en las cuentas de la cooperativa y asegura que se utilicen para los fines aprobados, como la compra de equipo de riego o maquinaria agrícola.

2. Elaboración de Informes Financieros

El tesorero debe preparar y presentar informes financieros regulares que detallen el estado de las finanzas de la organización. Estos informes permiten a los miembros conocer la situación económica y tomar decisiones informadas sobre futuras inversiones, gastos o proyectos.

- **Ejemplo en el contexto agrícola**: En una reunión mensual de la cooperativa, el tesorero presenta un informe que detalla los ingresos generados por la venta de productos agrícolas, los gastos operativos y el saldo disponible en las cuentas bancarias.

3. Supervisión de Presupuestos

El tesorero ayuda a crear, administrar y supervisar el presupuesto de la organización. Esto incluye planificar los ingresos y los gastos futuros, asegurando que los recursos se asignen de manera eficiente para cubrir los proyectos y las necesidades de la organización.

- **Ejemplo**: En una cooperativa agrícola, el tesorero colabora con los miembros para establecer el presupuesto anual, asegurándose de que haya suficientes fondos para la compra de insumos agrícolas y la inversión en nuevas tecnologías.

4. Control y Supervisión de Gastos

El tesorero supervisa el uso de los fondos, asegurándose de que todos los gastos sean justificados y estén autorizados por la organización. Además, debe garantizar que los pagos se realicen puntualmente y que las transacciones se registren adecuadamente.

- **Ejemplo**: Si la cooperativa ha aprobado la compra de fertilizantes, el tesorero verifica que la compra se realice de acuerdo con el presupuesto aprobado y mantiene un registro detallado de la transacción.

5. Garantía de Cumplimiento Legal y Fiscal

El tesorero se asegura de que la organización cumpla con todas sus obligaciones legales y fiscales. Esto incluye la presentación de impuestos, el cumplimiento de las normativas gubernamentales y la conservación de registros financieros adecuados para auditorías o inspecciones.

- **Ejemplo en el contexto agrícola**: El tesorero de una cooperativa agrícola asegura que la organización cumpla con sus obligaciones fiscales, como la presentación de informes anuales de ingresos y gastos ante las autoridades competentes.

6. Auditoría y Transparencia

El tesorero es responsable de asegurar que las cuentas estén disponibles para la auditoría interna o externa, promoviendo la transparencia en la gestión financiera. Esto implica tener todos los registros contables al día y accesibles para revisión por parte de los miembros o autoridades.

- **Ejemplo**: Si la cooperativa decide realizar una auditoría externa para garantizar que los fondos de una subvención gubernamental se hayan utilizado correctamente, el tesorero facilita los registros financieros necesarios para dicha auditoría.

7. Custodia de Documentos Financieros

El tesorero mantiene y organiza todos los documentos financieros de la organización, como recibos, facturas, contratos, cheques y estados de cuenta. Estos documentos son esenciales para el control financiero y la preparación de informes y auditorías.

- **Ejemplo**: El tesorero guarda todas las facturas relacionadas con la compra de equipo agrícola y los contratos firmados con proveedores, asegurando que los documentos estén organizados y accesibles en caso de ser necesarios para futuras revisiones.

8. Colaboración con Otros Miembros Directivos

El tesorero trabaja en estrecha colaboración con el presidente, el secretario y otros miembros del consejo directivo para asegurar que las decisiones financieras se alineen con los objetivos estratégicos de la organización. El tesorero también participa en las discusiones de la junta relacionadas con inversiones o proyectos que involucren el uso de recursos financieros.

- **Ejemplo**: Durante una reunión del consejo directivo, el tesorero brinda su opinión sobre la viabilidad financiera de un nuevo proyecto de producción agrícola sostenible, evaluando si la cooperativa tiene suficientes fondos para llevarlo a cabo sin comprometer otras áreas de operación.

9. Emisión de Pagos y Gestión de Cuentas Bancarias

El tesorero gestiona las cuentas bancarias de la organización, se asegura de que los pagos a proveedores o empleados se realicen puntualmente, y se encarga de emitir cheques u otros métodos de pago de acuerdo con las decisiones de la organización.

- **Ejemplo**: Después de la aprobación de una moción para adquirir semillas de alta calidad, el tesorero emite el pago al proveedor seleccionado y registra el gasto en los libros contables.

Resumen de las Funciones del Tesorero:

Función	Descripción
Gestión de Fondos	Recibe, custodia y desembolsa los fondos de la organización, asegurando su uso adecuado.
Informes Financieros	Prepara y presenta informes financieros detallados a los miembros de la organización.
Supervisión de Presupuestos	Colabora en la creación y supervisión del presupuesto, asegurando que se sigan los planes financieros.
Control de Gastos	Monitorea los gastos para garantizar que se ajusten al presupuesto aprobado.
Cumplimiento Legal y Fiscal	Asegura que la organización cumpla con sus obligaciones fiscales y legales.
Auditoría y Transparencia	Facilita la auditoría interna o externa, promoviendo la transparencia en la gestión financiera.
Custodia de Documentos	Mantiene todos los documentos financieros

	organizados y accesibles para revisión o auditoría.
Colaboración Directiva	Trabaja con otros miembros directivos para tomar decisiones financieras estratégicas.
Emisión de Pagos	Gestiona las cuentas bancarias y se asegura de que los pagos se realicen de manera oportuna.

Importancia del Tesorero en el Contexto Agrícola:

En una cooperativa o junta agrícola, el tesorero juega un papel crucial al manejar los fondos que permiten que la organización funcione. Esto incluye la gestión de ingresos provenientes de la venta de productos agrícolas, la administración de subvenciones gubernamentales o donaciones, y la planificación de gastos en proyectos agrícolas. El tesorero asegura que la organización cuente con los recursos necesarios para seguir operando y creciendo, manteniendo la transparencia y la confianza de los miembros.

Por ejemplo, en una cooperativa que decide implementar un proyecto de energía solar en las fincas, el tesorero debe gestionar los fondos asignados al proyecto, asegurarse de que los pagos se realicen correctamente y mantener un registro claro de los costos involucrados. Esto es vital para el éxito del proyecto y para garantizar que la organización siga siendo financieramente sostenible.

El tesorero no solo maneja el dinero, sino que también contribuye de manera significativa a la planificación y toma de decisiones estratégicas que impactan la sostenibilidad y el crecimiento de la organización.

¿Qué habilidades necesita un buen tesorero?

Para desempeñar eficazmente el rol de tesorero, se requiere una combinación de habilidades técnicas, competencias organizativas y cualidades personales que le permitan gestionar las finanzas de una organización de manera eficiente, transparente y responsable. A continuación se describen las habilidades clave que necesita un buen tesorero:

1. Habilidades Contables y Financieras

- **Descripción**: Un tesorero debe tener un buen conocimiento de los principios de contabilidad y finanzas para llevar un control adecuado de los ingresos, gastos, presupuestos y activos de la organización. Esto incluye la capacidad de interpretar estados financieros, mantener registros precisos, y asegurar que los informes financieros sean claros y comprensibles para los miembros de la organización.
- **Ejemplo**: Ser capaz de crear y revisar un balance general, un estado de resultados y un flujo de caja para la cooperativa, asegurando que todos los miembros comprendan el estado financiero de la organización.

2. Organización y Atención al Detalle

- **Descripción**: El tesorero debe ser altamente organizado y tener una gran atención al detalle. Mantener registros financieros precisos, organizar la documentación, y realizar un seguimiento de los gastos e ingresos requiere una gran capacidad para manejar la información de manera ordenada.

- **Ejemplo**: Mantener actualizados y organizados los registros de todas las transacciones financieras, facturas, recibos y documentos relacionados con la contabilidad, de modo que estén disponibles para auditorías o revisiones.

3. Capacidad de Análisis Financiero

- **Descripción**: Un buen tesorero necesita habilidades analíticas para interpretar los datos financieros y tomar decisiones informadas sobre la gestión de los recursos. Esto implica evaluar los estados financieros, proyectar flujos de caja futuros y analizar la viabilidad financiera de proyectos o inversiones.
- **Ejemplo**: Evaluar si un proyecto de infraestructura agrícola, como la instalación de un sistema de riego, es financieramente viable en función de los costos estimados y los beneficios esperados.

4. Habilidades de Comunicación

- **Descripción**: El tesorero debe ser capaz de comunicar información financiera compleja de manera clara y comprensible a los miembros de la organización, muchos de los cuales pueden no tener experiencia en contabilidad o finanzas. Esto incluye la capacidad de presentar informes financieros, explicar el presupuesto, y responder preguntas sobre las finanzas de la organización.
- **Ejemplo**: Explicar a los miembros de la cooperativa por qué un aumento en los costos operativos requiere ajustes en el presupuesto y cómo afectará a la organización en el futuro.

5. Honestidad e Integridad

- **Descripción**: La integridad es una cualidad fundamental para un tesorero, ya que maneja los recursos financieros de la organización. La confianza de los miembros en la gestión del dinero es crucial, por lo que el tesorero debe ser honesto y transparente en todas sus acciones, asegurándose de que los fondos se utilicen de manera ética y conforme a los objetivos de la organización.

- **Ejemplo**: Mantener la transparencia en el uso de los fondos, asegurando que todas las transacciones financieras se registren adecuadamente y que no haya conflicto de intereses.

6. Habilidades para la Gestión de Presupuestos

- **Descripción**: El tesorero debe ser capaz de crear, gestionar y supervisar presupuestos, ajustándolos según las necesidades de la organización. Esto implica la capacidad de prever gastos futuros y asegurar que los recursos se distribuyan de manera eficiente.
- **Ejemplo**: Elaborar un presupuesto anual para la organización, asegurando que haya fondos suficientes para cubrir los gastos operativos y las inversiones planificadas en proyectos agrícolas.

7. Capacidad para Tomar Decisiones

- **Descripción**: El tesorero debe ser capaz de tomar decisiones rápidas y bien fundamentadas, especialmente en situaciones en las que se requiera la asignación de recursos o la evaluación de riesgos financieros. Esto implica un buen juicio y la capacidad de priorizar el uso de los fondos.
- **Ejemplo**: Decidir si es mejor invertir en nuevas tecnologías agrícolas o destinar esos fondos a la ampliación de la infraestructura existente, basándose en las proyecciones de retorno y las necesidades de la cooperativa.

8. Habilidades en el Uso de Software de Gestión Financiera

- **Descripción**: En el mundo moderno, un buen tesorero debe estar familiarizado con el uso de programas de contabilidad y software financiero, como hojas de cálculo, programas de gestión de presupuestos y plataformas de contabilidad digital. Estas herramientas ayudan a automatizar procesos y a mantener un control preciso de las finanzas.
- **Ejemplo**: Utilizar software como QuickBooks o Excel para registrar todas las

transacciones y generar informes financieros detallados que permitan a la organización llevar un control eficaz de sus recursos.

9. Capacidad para Trabajar en Equipo

- **Descripción**: Aunque el tesorero tiene un rol específico en la gestión financiera, trabaja en estrecha colaboración con el presidente, el secretario y otros miembros del consejo directivo. Debe tener habilidades de colaboración y ser capaz de trabajar en equipo para asegurarse de que las decisiones financieras se alineen con los objetivos estratégicos de la organización.
- **Ejemplo**: Colaborar con el comité de finanzas para evaluar diferentes opciones de inversión en proyectos comunitarios o iniciativas agrícolas sostenibles.

10. Habilidades de Negociación

- **Descripción**: En ocasiones, el tesorero puede necesitar negociar contratos con proveedores, acuerdos de financiamiento o términos con instituciones financieras. Tener habilidades de negociación es crucial para obtener los mejores acuerdos posibles para la organización.

- **Ejemplo**: Negociar con un proveedor de maquinaria agrícola para obtener un mejor precio en la compra de equipos necesarios para la cooperativa.

11. Capacidad de Planificación a Largo Plazo

- **Descripción**: El tesorero debe tener la capacidad de pensar y planificar a largo plazo, evaluando no solo las necesidades financieras actuales de la organización, sino también las futuras. Esto incluye la proyección de ingresos y gastos, así como la planificación de reservas financieras para situaciones imprevistas.
- **Ejemplo**: Crear un plan financiero de cinco años que considere los ciclos agrícolas, los cambios en el mercado de productos agrícolas y las posibles fluctuaciones en los costos de producción.

12. Cumplimiento Normativo y Fiscal

- **Descripción**: Es importante que el tesorero esté familiarizado con las regulaciones fiscales y normativas que afectan a la organización. Debe asegurarse de que todas las obligaciones fiscales, como la presentación de impuestos, se cumplan correctamente y a tiempo.
- **Ejemplo**: Asegurarse de que la organización cumpla con las normativas tributarias locales y nacionales, evitando posibles sanciones o multas por incumplimiento.

Resumen de las Habilidades Clave que Necesita un Buen Tesorero:

Habilidad	Descripción
Conocimientos Contables	Dominio de los principios financieros y contables, incluyendo la preparación de informes financieros precisos.
Organización y Detalle	Capacidad de mantener registros organizados y exactos, y prestar atención a los detalles para evitar errores.

Habilidad	Descripción
Análisis Financiero	Capacidad de interpretar datos financieros y realizar análisis que ayuden a la toma de decisiones.
Comunicación	Habilidad para explicar información financiera compleja de manera clara y comprensible para los miembros de la organización.
Integridad y Transparencia	Compromiso con la ética y la transparencia en la gestión de los fondos de la organización.
Gestión de Presupuestos	Capacidad de crear, supervisar y ajustar presupuestos para asegurar un uso eficiente de los recursos.
Toma de Decisiones	Capacidad de tomar decisiones informadas y bien fundamentadas sobre el uso de los recursos financieros.
Uso de Software Financiero	Competencia en el manejo de software y herramientas tecnológicas para la

Habilidad	Descripción
	contabilidad y la gestión financiera.
Trabajo en Equipo	Habilidad para colaborar con otros miembros del consejo y los comités en decisiones financieras estratégicas.
Negociación	Capacidad para negociar contratos, acuerdos de financiamiento o términos favorables con proveedores o instituciones financieras.
Planificación a Largo Plazo	Capacidad para planificar financieramente a largo plazo, anticipando las necesidades y los desafíos futuros.
Cumplimiento Normativo	Conocimiento de las regulaciones fiscales y normativas, asegurando el cumplimiento de las obligaciones legales.

Estas habilidades no solo aseguran que el tesorero gestione de manera eficiente los recursos financieros de la organización, sino que también contribuyen a la confianza y la transparencia dentro del grupo, lo que es crucial para el buen funcionamiento de cualquier organización, cooperativa o junta, especialmente en el contexto agrícola, donde la sostenibilidad financiera es fundamental para el éxito a largo plazo.

¿Cómo debería el tesorero planificar un presupuesto agrícola?

Planificar un presupuesto agrícola es una tarea crucial para el tesorero de una cooperativa o junta agrícola, ya que un presupuesto bien elaborado asegura que los recursos financieros se gestionen eficientemente, permitiendo a la organización alcanzar sus objetivos y operar de manera sostenible. El presupuesto debe reflejar tanto los ingresos esperados como los gastos necesarios para la producción, mantenimiento y crecimiento de las actividades agrícolas. A continuación se describen los pasos clave que el tesorero debería seguir para planificar un presupuesto agrícola adecuado.

Pasos para Planificar un Presupuesto Agrícola:

1. Revisión de Datos Financieros Anteriores

- **Descripción**: El primer paso para planificar un presupuesto agrícola es revisar los datos financieros de años anteriores. Esto permite identificar patrones de ingresos y gastos, así como posibles áreas de mejora. El tesorero debe revisar los ingresos obtenidos por la venta de productos agrícolas, los costos operativos y las inversiones realizadas en proyectos anteriores.
- **Ejemplo**: Analizar los resultados financieros del año anterior para determinar si la cooperativa cumplió con sus metas de ingresos y gastos, y si existen áreas en las que se podrían reducir costos, como en la compra de insumos o el mantenimiento de maquinaria.

2. Estimación de Ingresos

- **Descripción**: El tesorero debe proyectar los ingresos esperados para el próximo año. Estos ingresos pueden provenir de diversas fuentes, como la venta de productos agrícolas, subvenciones gubernamentales, aportes de los miembros, o inversiones en proyectos especiales. Es importante ser realista al hacer estas estimaciones, tomando en cuenta las fluctuaciones del mercado y los ciclos de producción.
- **Ejemplo**: Si la cooperativa cultiva café, el tesorero puede proyectar ingresos basados en la producción estimada, los precios actuales del mercado y cualquier contrato de venta a largo plazo que tenga la cooperativa.

Fuentes de Ingresos a Considerar:

- Ventas de productos agrícolas (ej. frutas, vegetales, café, etc.)
- Subvenciones gubernamentales o fondos para proyectos específicos.
- Aportes de los miembros de la cooperativa.
- Alquiler de terrenos o maquinaria.
- Donaciones o patrocinios para proyectos comunitarios.

3. Identificación de Gastos Fijos y Variables

- **Descripción**: El tesorero debe identificar todos los gastos necesarios para la operación de la cooperativa o la organización agrícola. Estos gastos se dividen en fijos (costos que no varían mucho con el nivel de producción) y variables (costos que fluctúan con la cantidad de producción). Es esencial listar y estimar los costos para asegurarse de que se cubran todas las áreas operativas.
- **Ejemplo**: Los gastos fijos podrían incluir salarios del personal permanente, seguros agrícolas y alquiler de terrenos, mientras que los gastos variables podrían incluir la compra de semillas, fertilizantes, y el combustible para la maquinaria agrícola.

Ejemplos de Gastos Fijos y Variables:

- **Gastos Fijos**:
  - Salarios de empleados permanentes.
  - Pago de seguros (seguros agrícolas, de maquinaria, etc.).
  - Alquiler de terrenos o arrendamientos.
  - Mantenimiento de instalaciones.
  - Servicios públicos (agua, electricidad, etc.).

- **Gastos Variables**:
  - Insumos agrícolas (semillas, fertilizantes, pesticidas).
  - Combustible para la maquinaria.
  - Reparaciones o mantenimiento de equipos.
  - Costos de transporte y logística de productos.
  - Gastos de marketing y distribución.

4. Planificación de Inversiones en Proyectos

- **Descripción**: El tesorero debe planificar las inversiones que la organización planea realizar durante el año. Esto puede incluir la compra de nueva maquinaria, la implementación de nuevas tecnologías de riego, o la mejora de la infraestructura agrícola. Es importante que estas inversiones se prioricen en función de los recursos disponibles y las necesidades más urgentes de la organización.
- **Ejemplo**: Si la cooperativa planea adquirir maquinaria para la siembra mecanizada, el tesorero deberá calcular el costo de la inversión y verificar si la organización tiene suficiente capital para cubrir esa compra o si se necesitará financiamiento externo.

Ejemplos de Proyectos de Inversión:

- Compra de nueva maquinaria agrícola (tractores, sembradoras, sistemas de riego).
- Implementación de sistemas de energía renovable (como paneles solares).
- Mejoras en las instalaciones de almacenamiento o procesamiento de productos.
- Expansión de terrenos o adquisición de tierras.
- Proyectos de sostenibilidad (agricultura orgánica, gestión del agua, etc.).

5. Provisión para Contingencias

- **Descripción**: El tesorero debe incluir en el presupuesto una partida para contingencias o emergencias. Las actividades agrícolas pueden estar sujetas a eventos imprevistos, como desastres naturales, plagas o fluctuaciones en los precios de los insumos. Contar con un fondo de contingencia permite a la organización afrontar estas situaciones sin poner en riesgo su estabilidad financiera.

- **Ejemplo**: El tesorero podría reservar un porcentaje del presupuesto anual para cubrir costos inesperados, como la reparación urgente de maquinaria dañada o la compra de insumos adicionales debido a una temporada de sequía.

Gastos Contingentes Comunes en el Sector Agrícola:

- Reparaciones de maquinaria imprevistas.
- Daños a cultivos por eventos climáticos extremos (sequías, tormentas, huracanes).
- Fluctuaciones en el precio de los insumos.
- Problemas de salud animal (en caso de operaciones pecuarias).

6. Asignación de Fondos para el Mantenimiento

- **Descripción**: Es esencial que el tesorero incluya en el presupuesto un plan de mantenimiento preventivo para la maquinaria y las instalaciones agrícolas. El mantenimiento regular ayuda a prevenir averías costosas y a prolongar la vida útil de los equipos, lo que puede generar ahorros a largo plazo.

- **Ejemplo**: Asignar fondos para el mantenimiento anual de tractores, equipos de riego y otros activos esenciales de la organización.

Áreas de Mantenimiento:

- Mantenimiento preventivo de maquinaria agrícola.
- Reparaciones de sistemas de riego y drenaje.
- Inspección y reparación de instalaciones de almacenamiento.
- Revisiones periódicas de vehículos de transporte.

7. Monitoreo de Subvenciones y Financiamiento Externo

- **Descripción**: El tesorero debe considerar la posibilidad de acceder a subvenciones, préstamos o financiamiento externo para proyectos específicos. Muchas organizaciones agrícolas tienen acceso a fondos gubernamentales o programas de financiamiento que pueden ayudar a cubrir costos importantes.

- **Ejemplo**: Investigar las subvenciones disponibles del Departamento de Agricultura de los Estados Unidos o fondos europeos para proyectos de sostenibilidad agrícola.

Posibles Fuentes de Financiamiento:

- Subvenciones gubernamentales para la agricultura.
- Programas de financiamiento agrícola de instituciones financieras.
- Préstamos de cooperativas de crédito.
- Donaciones de ONGs para proyectos sostenibles o comunitarios.

8. Presentación del Presupuesto a los Miembros

- **Descripción**: Una vez que el presupuesto está elaborado, el tesorero debe presentarlo a los miembros de la cooperativa o junta directiva para su revisión y aprobación. Es importante que el tesorero explique las decisiones financieras, las prioridades y cualquier cambio significativo respecto al año anterior.

- **Ejemplo**: Durante una reunión general, el tesorero presenta el presupuesto proyectado para el próximo ciclo agrícola, explicando cómo se distribuirán los recursos entre mantenimiento, proyectos de expansión y contingencias.

9. Monitoreo y Actualización del Presupuesto

- **Descripción**: Después de que el presupuesto es aprobado, el tesorero debe monitorear su implementación a lo largo del año. Esto incluye realizar ajustes si es necesario, en caso de que los ingresos o gastos sean diferentes a los previstos. El tesorero debe mantener a la junta informada sobre el progreso financiero y hacer recomendaciones cuando sea necesario.
- **Ejemplo**: Si los ingresos por ventas agrícolas son menores de lo esperado, el tesorero puede proponer recortes en ciertos gastos no esenciales para mantener la estabilidad financiera de la organización.

Resumen del Proceso de Planificación del Presupuesto Agrícola:

Paso	Descripción
Revisión de Datos Financieros	Analizar los datos financieros históricos para identificar patrones y áreas de mejora.
Estimación de Ingresos	Proyectar ingresos realistas provenientes de ventas agrícolas, subvenciones y otras fuentes.
Identificación de Gastos	Definir gastos fijos y variables para asegurar una cobertura completa de las necesidades operativas.
Planificación de Inversiones	Planificar inversiones en proyectos prioritarios para el crecimiento y mejora de la infraestructura agrícola.
Provisión para Contingencias	Reservar fondos para enfrentar situaciones imprevistas o emergencias que puedan afectar las operaciones.
Asignación para Mantenimiento	Incluir un plan de mantenimiento preventivo

Paso	Descripción
	para prolongar la vida útil de la maquinaria y otros activos.
Monitoreo de Subvenciones	Identificar oportunidades de financiamiento externo que apoyen los proyectos de la organización.
Presentación a los Miembros	Presentar el presupuesto a los miembros para

Capítulo 3: Toma de Decisiones en el Sector Agrícola

En las cooperativas agrícolas y otras organizaciones del sector, la toma de decisiones es fundamental para el éxito y la sostenibilidad de las actividades. La aplicación adecuada de los procedimientos parlamentarios no solo garantiza la participación democrática de los miembros, sino que también promueve la equidad, la eficiencia y la transparencia en el uso de recursos limitados, como el tiempo, el capital y las infraestructuras. Este capítulo se centra en los procesos de votación y las formas de llegar a decisiones en el contexto agrícola, destacando cómo los principios de la gobernanza parlamentaria ayudan a mejorar la gestión en estas organizaciones.

1. La Importancia de la Estructura en la Toma de Decisiones

En cualquier organización agrícola, las decisiones que afectan la producción, la distribución de recursos y la implementación de proyectos requieren un proceso estructurado que permita la deliberación adecuada. Las reglas parlamentarias proveen un marco que garantiza que cada miembro tenga la oportunidad de expresar sus opiniones, que las decisiones se tomen de manera informada y que se cumpla con los objetivos de la organización.

- **Justificación**: En el contexto agrícola, las decisiones suelen ser complejas y afectan a todos los miembros de la organización. La aplicación de un proceso estructurado evita que las decisiones se tomen de manera apresurada o desinformada, asegurando que los recursos se distribuyan de manera justa.

  Ejemplo: La decisión de invertir en nueva maquinaria agrícola requiere la evaluación de costos, beneficios y el impacto sobre los diferentes productores dentro de la cooperativa.

- **Principio de Igualdad**: Las reglas parlamentarias aseguran que cada miembro tenga voz en el proceso de toma de decisiones. Esto es especialmente importante en el sector agrícola, donde los productores varían en tamaño, recursos y tipos de cultivos.

Ejemplo: Si la cooperativa está considerando la adopción de prácticas de agricultura sostenible, cada miembro debe tener la oportunidad de expresar cómo estas prácticas afectarán su producción y su rentabilidad.

2. Tipos de Votación en las Reuniones Agrícolas

La votación es el método más directo y democrático para tomar decisiones en cualquier organización. En el contexto agrícola, donde los recursos son limitados y las decisiones afectan a todos los miembros, es esencial utilizar el método de votación adecuado para garantizar que las decisiones se tomen de manera justa y representativa.

2.1. Mayoría Simple

- **Descripción**: En este sistema, se requiere más del 50% de los votos para que una moción sea aprobada. Es el método más común para decisiones de rutina, ya que asegura que las decisiones se tomen rápidamente cuando hay consenso general.

- **Uso Común**: Se utiliza para aprobar gastos menores, decisiones operativas cotidianas o para la aprobación de informes financieros y de gestión.

Ejemplo en el contexto agrícola: Si una cooperativa necesita decidir sobre la compra de insumos como fertilizantes o semillas, una votación por mayoría simple es suficiente para aprobar la compra.

2.2. Mayoría Cualificada

- **Descripción**: En algunos casos, se requiere más del 50% de los votos para aprobar una moción, como dos tercios o tres cuartas partes. Este método se utiliza para decisiones más significativas que tienen un impacto a largo plazo o que afectan a la estructura o recursos fundamentales de la organización.
- **Uso Común**: Se aplica para decisiones como cambios en los estatutos, modificaciones de reglamentos o la aprobación de proyectos de gran envergadura que involucran inversiones importantes.

Ejemplo en el contexto agrícola: Si la cooperativa está considerando modificar los estatutos para cambiar la estructura de votación o la distribución de los beneficios entre los miembros, se puede requerir una mayoría cualificada.

2.3. Consenso

- **Descripción**: El consenso se logra cuando todos los miembros presentes en la reunión están de acuerdo con una moción. Es un método utilizado cuando es necesario que todos los miembros apoyen la decisión para garantizar la unidad de la organización.
- **Uso Común**: El consenso es ideal para decisiones que requieren el apoyo unánime de la organización, como la adhesión a nuevas políticas que afecten a todos los miembros por igual.

Ejemplo en el contexto agrícola: La adopción de nuevas prácticas de agricultura orgánica en una cooperativa puede requerir consenso, ya que todos los miembros deberán implementar cambios en sus técnicas de cultivo para cumplir con las nuevas normas.

2.4. Votación por Aclamación

- **Descripción**: En situaciones donde hay un acuerdo general o cuando una moción no genera controversia, se puede utilizar la votación por aclamación, donde la moción se aprueba si no hay objeciones.
- **Uso Común**: Se emplea para aprobar mociones simples, como la adopción del orden del día o la aprobación de las actas de la reunión anterior.

Ejemplo en el contexto agrícola: La aprobación del informe anual de gestión de la cooperativa puede realizarse por aclamación si no hay objeciones por parte de los miembros.

2.5. Votación Secreta

- **Descripción**: La votación secreta se utiliza cuando es necesario proteger la confidencialidad de los votantes o cuando las decisiones pueden generar divisiones. Cada miembro vota de manera privada, y los resultados se anuncian públicamente.

- **Uso Común**: Es común en elecciones internas de directivos o cuando se discuten decisiones delicadas que pueden afectar las relaciones entre los miembros.

Ejemplo en el contexto agrícola: Si la cooperativa está eligiendo a un nuevo presidente o votando sobre un tema controversial, como la venta de una parte de los activos de la cooperativa, una votación secreta garantiza la confidencialidad y la imparcialidad.

3. Procedimiento para la Presentación y Votación de Mociones

El procedimiento para presentar y votar mociones es esencial para garantizar que las decisiones se tomen de manera ordenada y justa. Siguiendo un proceso claro, cada miembro tiene la oportunidad de presentar propuestas, discutirlas y finalmente someterlas a votación.

3.1. Presentación de una Moción

- **Proceso**: Un miembro pide la palabra para presentar una moción. La moción debe ser clara y específica en cuanto a la acción que se propone.

- **Segundo**: Para que la moción sea discutida, otro miembro debe secundarla, lo que indica que al menos dos personas consideran que la propuesta merece ser debatida.
- **Debate**: Después de que una moción es secundada, se abre el debate. Todos los miembros pueden participar en la discusión, siempre siguiendo las reglas de orden y respetando el tiempo asignado para las intervenciones.

Ejemplo en el contexto agrícola: Un miembro presenta una moción para invertir en un nuevo sistema de riego por goteo, argumentando que mejorará la eficiencia del uso del agua. Otro miembro secunda la moción, permitiendo que se abra el debate sobre la propuesta.

3.2. Votación

- **Proceso**: Una vez que el debate ha concluido, el presidente somete la moción a votación. El tipo de votación (mayoría simple, cualificada, consenso, etc.) dependerá de la naturaleza de la moción.
- **Declaración del Resultado**: Después de la votación, el presidente anuncia claramente si la moción ha sido aprobada o rechazada.

Ejemplo: Tras discutir la propuesta de invertir en el sistema de riego, se lleva a cabo una votación por mayoría simple. El presidente cuenta los votos y anuncia que la moción ha sido aprobada.

4. Estrategias para la Toma de Decisiones Eficientes

La eficiencia es clave en el contexto agrícola, donde el tiempo y los recursos son limitados. Aplicar estrategias de decisión eficientes permite que las reuniones sean productivas y que las decisiones se tomen de manera oportuna, sin sacrificar la participación y la equidad.

4.1. Limitar el Tiempo de Debate

- Para asegurar que las reuniones no se alarguen innecesariamente, se puede establecer un límite de tiempo para las intervenciones de los miembros. Esto asegura que todos tengan la oportunidad de participar sin extender las discusiones más de lo necesario.

4.2. Uso de Comités

- Los comités son una excelente manera de dividir el trabajo y permitir que se realicen investigaciones más profundas sobre temas específicos. Los comités pueden presentar informes y recomendaciones a la asamblea, lo que facilita la toma de decisiones informadas sin que toda la asamblea tenga que debatir cada detalle.

4.3. Cerrar el Debate con Mociones Subsidiarias

- Si el debate sobre una moción se alarga innecesariamente y los miembros ya están listos para votar, cualquier miembro puede presentar una moción subsidiaria para cerrar el debate y proceder a la votación.

La toma de decisiones en el sector agrícola es un proceso clave que requiere la participación de todos los miembros de la organización. Siguiendo los principios del procedimiento parlamentario y aplicando métodos de votación claros y estructurados, las organizaciones agrícolas pueden tomar decisiones de manera eficiente y equitativa. El uso adecuado de mociones, votaciones.

Capítulo 4: Roles y Responsabilidades en una Reunión Parlamentaria Agrícola

Una organización agrícola, ya sea una cooperativa, una asociación de productores o una junta directiva rural, los roles y responsabilidades de los miembros participantes son clave para asegurar que las reuniones se desarrollen de manera eficiente y equitativa. En este capítulo, se describen los principales roles y responsabilidades que los diferentes miembros tienen dentro de una reunión parlamentaria, con un enfoque en el contexto agrícola. Se destacan las funciones del presidente, el vicepresidente, el secretario, el tesorero, los vocales, y otros actores importantes que garantizan la operatividad y transparencia en las decisiones del grupo.

1. El Presidente: Líder y Moderador de la Reunión

El presidente juega un papel fundamental como líder y moderador de las reuniones parlamentarias. Es responsable de dirigir el proceso de toma de decisiones, manteniendo el orden y garantizando que todos los miembros tengan la oportunidad de participar de manera justa y respetuosa. Su función es crucial para asegurar que las reuniones se desarrollen de manera ordenada y eficiente.

1.1. Funciones del Presidente

- **Moderación del Debate**: El presidente otorga la palabra a los miembros que deseen intervenir, asegurando que todos los participantes tengan la oportunidad de expresar sus puntos de vista.
- **Aplicación de las Reglas**: Es responsabilidad del presidente asegurarse de que las reglas parlamentarias y los estatutos de la organización se respeten durante las reuniones. Esto incluye resolver dudas procedimentales, aplicar sanciones si es necesario, y mantener el orden.

- **Facilitar la Presentación de Mociones**: El presidente organiza el proceso de presentación, debate y votación de mociones. Asegura que las mociones sean secundadas antes de que se abra el debate y guía el proceso hacia la votación.
- **Garantizar la Imparcialidad**: Aunque el presidente debe dirigir la reunión, su rol es mantener la imparcialidad. Solo debe votar en casos de empate o si las reglas de la organización lo permiten.

1.2. Ejemplo en el Contexto Agrícola

Durante una reunión de la cooperativa para aprobar el plan de producción del próximo año, el presidente otorga la palabra a cada miembro que desea opinar sobre las técnicas de cultivo propuestas. Cuando un miembro se desvía del tema, el presidente interviene de manera educada para redirigir el debate hacia el tema en cuestión, manteniendo el orden y la eficiencia en la discusión.

2. El Vicepresidente: Asistente y Sustituto del Presidente

El **vicepresidente** asume un rol secundario al presidente, pero su función es igualmente crucial en caso de ausencia o incapacidad del presidente para dirigir la reunión. Además, el vicepresidente puede asumir responsabilidades adicionales, como supervisar comités o proyectos específicos dentro de la organización.

2.1. Funciones del Vicepresidente

- **Sustitución del Presidente**: En caso de que el presidente no pueda asistir a una reunión o se ausente temporalmente, el vicepresidente asume sus funciones, aplicando las mismas reglas y garantizando la continuidad de la reunión.
- **Supervisión de Comités**: El vicepresidente puede estar encargado de coordinar el trabajo de comités específicos, asegurando que estos presenten sus informes en las reuniones generales y que su trabajo esté alineado con los objetivos de la organización.

- **Asistencia al Presidente**: En algunos casos, el vicepresidente apoya al presidente en la preparación de las reuniones, la elaboración de agendas y el seguimiento de las decisiones tomadas.

2.2. Ejemplo en el Contexto Agrícola

Durante una reunión en la que el presidente está ausente, el vicepresidente asume la dirección del debate sobre la compra de maquinaria agrícola. Se asegura de que los miembros participen de manera equitativa y organiza la votación una vez que todos han expresado sus opiniones.

3. El Secretario: Guardián de la Información y Documentación

El secretario es responsable de la documentación y gestión administrativa de las reuniones parlamentarias. Su papel es esencial para garantizar que las decisiones se registren adecuadamente, que los miembros reciban la información necesaria antes y después de las reuniones, y que se mantenga un registro claro y accesible de todos los procedimientos.

3.1. Funciones del Secretario

- **Redacción de Actas**: El secretario toma notas detalladas de lo que sucede en cada reunión, registrando las mociones, los debates y los resultados de las votaciones. Posteriormente, distribuye las actas a todos los miembros.
- **Preparación de Agendas**: Trabaja con el presidente para preparar y distribuir la agenda antes de la reunión, asegurando que todos los puntos a discutir estén claramente definidos y organizados.
- **Mantenimiento de Registros**: Es responsable de mantener los registros históricos de las decisiones de la organización, así como cualquier otro documento importante relacionado con las actividades de la cooperativa.
- **Distribución de Información**: Se asegura de que los miembros reciban toda la información necesaria, incluyendo avisos de reuniones, informes financieros y actas de reuniones anteriores.

3.2. Ejemplo en el Contexto Agrícola

En una reunión para revisar el informe financiero del año anterior, el secretario presenta el acta de la reunión anterior y la agenda del día. Después de la reunión, envía un correo electrónico a todos los miembros con las decisiones tomadas, los resultados de las votaciones y las tareas pendientes para la próxima reunión.

4. El Tesorero: Gestor Financiero

El tesorero tiene la responsabilidad de gestionar los recursos financieros de la organización, asegurando que los fondos se utilicen de manera adecuada y que se mantenga la transparencia en todas las transacciones. El tesorero desempeña un papel crucial en la planificación del presupuesto anual, la presentación de informes financieros y la supervisión de los gastos operativos.

4.1. Funciones del Tesorero

- **Gestión de Cuentas**: El tesorero administra las cuentas bancarias de la organización, realiza los pagos necesarios y mantiene un registro detallado de todas las transacciones financieras.

- **Elaboración de Informes Financieros**: Presenta informes financieros regulares a los miembros, detallando los ingresos y gastos de la organización, así como el estado de las cuentas.
- **Supervisión del Presupuesto**: Elabora el presupuesto anual de la organización en colaboración con otros miembros del consejo, y asegura que los gastos se mantengan dentro de los límites aprobados.
- **Transparencia y Auditoría**: Asegura que los registros financieros estén disponibles para auditorías internas o externas, promoviendo la transparencia en la gestión de los fondos.

4.2. Ejemplo en el Contexto Agrícola

Durante una reunión de la cooperativa, el tesorero presenta un informe financiero que muestra los ingresos por la venta de productos agrícolas y los gastos en insumos y maquinaria. Luego, el tesorero facilita una discusión sobre la mejor manera de asignar el excedente de fondos para futuras inversiones.

5. Los Vocales: Representación y Supervisión

Los **vocales** son miembros electos del consejo directivo cuya principal función es representar los intereses de los diferentes grupos dentro de la organización y participar en las decisiones estratégicas. Los vocales también supervisan el cumplimiento de las políticas aprobadas por la asamblea y ayudan en la implementación de proyectos.

5.1. Funciones de los Vocales

- **Participación en la Toma de Decisiones**: Los vocales participan activamente en las discusiones y votaciones que se llevan a cabo durante las reuniones del consejo o de la asamblea general.
- **Supervisión de Proyectos**: Los vocales pueden estar encargados de supervisar la implementación de proyectos específicos, asegurándose de que se cumplan los plazos y que los recursos se utilicen de manera eficiente.
- **Representación de los Miembros**: En muchos casos, los vocales representan a grupos específicos dentro de la organización, como pequeños productores, jóvenes

agricultores o miembros con intereses específicos, asegurando que sus necesidades y preocupaciones sean escuchadas.

5.2. Ejemplo en el Contexto Agrícola

Un vocal de una cooperativa agrícola que representa a los pequeños productores participa en una discusión sobre la adquisición de nuevas semillas. El vocal defiende los intereses de los pequeños productores, asegurándose de que se elijan semillas que sean accesibles y adecuadas para sus métodos de cultivo.

6. Los Miembros de Comités

Los miembros de comités son designados o elegidos para trabajar en grupos especializados que se encargan de investigar y presentar recomendaciones sobre temas específicos. Los comités permiten que las decisiones complejas se tomen de manera más informada, delegando parte del trabajo a un grupo más pequeño y enfocado.

6.1. Funciones de los Miembros de Comités

- **Investigación**: Los miembros de comités realizan investigaciones y análisis detallados sobre temas específicos, como la compra de maquinaria, la adopción de nuevas prácticas agrícolas o la gestión de recursos hídricos.
- **Presentación de Informes**: Al final de su trabajo, los comités presentan informes detallados y recomendaciones a la asamblea general, facilitando la toma de decisiones informadas.
- **Supervisión de Implementación**: En algunos casos, los comités también son responsables de supervisar la implementación de los proyectos o las políticas que recomiendan.

6.2. Ejemplo en el Contexto Agrícola

- Un comité especial de una cooperativa agrícola es designado para investigar opciones de financiamiento para un proyecto de instalación de paneles solares en las fincas. Los miembros del comité investigan diferentes fuentes de subvenciones y préstamos disponibles, y presentan un informe detallado en la siguiente reunión general. El informe incluye recomendaciones sobre el mejor plan de financiamiento, ayudando a la cooperativa a tomar una decisión informada.

7. Asesor Técnico o Agrónomo

En muchas cooperativas agrícolas, la presencia de un asesor técnico o agrónomo es fundamental para guiar las decisiones relacionadas con la producción, el manejo de la tierra, los cultivos y las prácticas sostenibles. Estos asesores aportan conocimientos especializados que ayudan a los miembros a comprender las implicaciones técnicas de las decisiones que están considerando.

7.1. Funciones del Asesor Técnico

- **Proporcionar Orientación Técnica**: El asesor técnico brinda información experta sobre las mejores prácticas agrícolas, el manejo del suelo, el uso del agua, las técnicas de cultivo, la gestión de plagas y enfermedades, y la implementación de nuevas tecnologías agrícolas.

- **Evaluación de Proyectos**: Ayuda a evaluar la viabilidad técnica de proyectos, asegurando que los planes de producción o de infraestructura agrícola sean factibles y sostenibles.
- **Capacitación y Asistencia**: El asesor técnico también puede encargarse de capacitar a los miembros de la cooperativa en el uso de nuevas tecnologías o en prácticas agrícolas innovadoras.

7.2. Ejemplo en el Contexto Agrícola

En una reunión de la cooperativa, el asesor técnico ofrece una presentación sobre los beneficios del riego por goteo para mejorar la eficiencia del agua en cultivos de café. Después de la presentación, los miembros de la cooperativa tienen una mejor comprensión de cómo implementar este sistema y deciden asignar recursos para su instalación.

8. Moderador: Facilitador Imparcial

El moderador puede ser designado en reuniones grandes o cuando se debaten temas complejos y es importante garantizar la imparcialidad. Aunque el moderador no es un miembro permanente del consejo, su función es fundamental para asegurar que los debates se desarrollen de manera ordenada y que todas las voces sean escuchadas de manera justa.

8.1. Funciones del Moderador

- **Facilitar el Debate**: El moderador organiza y gestiona el flujo de las discusiones, asegurándose de que se sigan las reglas de orden y que todos los miembros tengan la oportunidad de participar.
- **Mantener la Imparcialidad**: Como facilitador, el moderador no toma partido en las discusiones y no vota sobre los temas en debate. Su rol es estrictamente facilitar el proceso.
- **Garantizar el Orden**: El moderador tiene la autoridad para intervenir si las discusiones se salen de control o si los miembros no respetan las reglas de procedimiento. Puede redirigir el debate para garantizar que se mantenga

dentro de los límites establecidos por la agenda.

8.2. Ejemplo en el Contexto Agrícola

Durante una asamblea general de varias cooperativas agrícolas para discutir un nuevo reglamento sobre el uso del agua, se designa a un moderador para que dirija el debate. El moderador organiza el turno de intervención de cada cooperativa y asegura que el debate sea equilibrado y respetuoso, evitando que un grupo o individuo domine la discusión.

9. Interventor o Auditor

El interventor o auditor es responsable de revisar y garantizar que la gestión financiera de la cooperativa cumpla con los principios de transparencia y responsabilidad. Su función es verificar que los fondos se utilicen de manera adecuada y que las cuentas reflejen con exactitud el estado financiero de la organización.

9.1. Funciones del Interventor

- **Revisión de Cuentas**: El interventor revisa periódicamente las cuentas de la cooperativa para asegurarse de que los informes financieros preparados por el tesorero sean correctos y reflejen las transacciones reales.
- **Asegurar la Transparencia**: Proporciona informes regulares a la junta directiva y a los miembros sobre la situación financiera de la cooperativa, señalando cualquier discrepancia o área de mejora.
- **Auditorías Externas**: En algunos casos, el interventor puede coordinar auditorías externas para garantizar la integridad financiera de la cooperativa.

9.2. Ejemplo en el Contexto Agrícola

Después de un año de operación, el interventor de una cooperativa agrícola realiza una revisión detallada de las cuentas, confirmando que los fondos asignados para la compra de insumos fueron utilizados de manera correcta. Presenta un informe a la asamblea, destacando que las finanzas de la cooperativa están en orden y recomendando mejoras en el proceso de control de inventario.

La eficiencia y efectividad de una organización agrícola dependen en gran medida de la participación adecuada de sus miembros en las reuniones parlamentarias. Cada rol dentro de la estructura parlamentaria tiene una función específica que, cuando se desempeña correctamente, contribuye al buen funcionamiento de la cooperativa o asociación.

Rol	**Responsabilidad Principal**
Presidente	Moderar la reunión, garantizar el orden y aplicar las reglas parlamentarias.
Vicepresidente	Sustituir al presidente cuando sea necesario y supervisar comités o proyectos.
Secretario	Tomar actas, preparar agendas y mantener los registros de la organización.
Tesorero	Gestionar los fondos de la organización, preparar informes financieros y supervisar el presupuesto.

Vocales	Representar a los miembros y supervisar la implementación de proyectos y políticas.
Miembros de Comités	Investigar y presentar recomendaciones sobre temas específicos.
Asesor Técnico o Agrónomo	Proporcionar orientación experta sobre técnicas y proyectos agrícolas.
Moderador	Facilitar el debate de manera imparcial, asegurando que las reuniones sean justas y ordenadas.
Interventor o Auditor	Revisar las cuentas financieras para asegurar la transparencia y la responsabilidad financiera.

Este capítulo resalta la importancia de una estructura organizativa clara, donde cada miembro conoce su rol y responsabilidades, lo que contribuye a que las decisiones se tomen de manera eficiente, equitativa y transparente en el sector agrícola.

¿Cuáles son los errores comunes en reuniones?

En las reuniones parlamentarias, ya sea en cooperativas agrícolas, asociaciones de productores o cualquier otro tipo de organización, es común que se cometan errores que pueden afectar la eficiencia, claridad y participación. Identificar estos errores permite evitarlos y mejorar el funcionamiento de las reuniones. A continuación te detallo algunos de los errores más comunes en las reuniones parlamentarias y cómo afectan al proceso de toma de decisiones.

1. Falta de Preparación

- **Descripción**: Uno de los errores más comunes es la falta de preparación previa, tanto por parte del presidente como de los demás participantes. Esto puede incluir no distribuir la agenda con suficiente antelación, no revisar los informes o no tener claros los puntos a discutir.
- **Consecuencia**: Las reuniones se alargan innecesariamente cuando los miembros no están preparados para los temas en discusión. Además, puede provocar que se tomen decisiones mal informadas o apresuradas.

- **Ejemplo**: En una reunión de cooperativa agrícola para discutir la adquisición de nuevas tierras, muchos miembros llegan sin haber revisado el informe financiero o los documentos legales relacionados, lo que lleva a una discusión ineficiente y a decisiones incompletas.

Solución: Asegurarse de que todos los miembros reciban los documentos clave con suficiente tiempo de anticipación y que comprendan los temas que se tratarán.

2. Desviarse del Orden del Día

- **Descripción**: Es común que los participantes se desvíen del tema de discusión y comiencen a hablar de otros asuntos no incluidos en el orden del día. Esto ocurre cuando los miembros presentan temas fuera de contexto o comienzan a debatir sobre asuntos personales o sin relación con el tema principal.
- **Consecuencia**: Las reuniones pierden enfoque y se extienden más allá de lo previsto, lo que lleva a una menor productividad y dificulta la toma de decisiones importantes.

- **Ejemplo**: Durante una reunión para aprobar un presupuesto agrícola, algunos miembros empiezan a discutir cuestiones secundarias relacionadas con las actividades sociales de la cooperativa, desviando el debate del tema principal.

Solución: El presidente debe hacer cumplir el orden del día y redirigir la discusión cuando sea necesario. Si surgen temas adicionales, estos pueden ser agregados a la agenda de una reunión futura.

3. No Seguir las Reglas Parlamentarias

- **Descripción**: Ignorar o no seguir correctamente las reglas parlamentarias puede generar confusión y debates desorganizados. Esto incluye no respetar el turno de palabra, presentar mociones de manera incorrecta o votar sin un proceso claro.
- **Consecuencia**: Se pierde el orden en la reunión, los miembros pueden sentirse frustrados, y el proceso de toma de decisiones se vuelve caótico y confuso.

- **Ejemplo**: Un miembro interrumpe constantemente a otros sin ser reconocido por el presidente, lo que genera desorden y una discusión incontrolada en una reunión para discutir la estrategia de comercialización de los productos agrícolas.

Solución: Capacitar a los miembros en el uso de las reglas parlamentarias y aplicar estas reglas de manera constante y justa durante las reuniones.

4. Discusiones Extensas e Ineficientes

- **Descripción**: Otro error común es permitir que las discusiones se prolonguen innecesariamente, sin llegar a una resolución clara. Esto ocurre cuando no se establece un límite de tiempo para cada intervención o cuando los mismos puntos se repiten sin avances.

- **Consecuencia**: Se desperdicia tiempo valioso en debates sin fin, lo que reduce la capacidad de la reunión para abordar todos los puntos del orden del día y tomar decisiones oportunas.

- **Ejemplo**: En una reunión para aprobar la compra de fertilizantes, varios miembros siguen debatiendo los mismos argumentos repetidamente, sin que se tome una decisión clara.

Solución: El presidente puede establecer límites de tiempo para las intervenciones y utilizar mociones subsidiarias, como la moción para cerrar el debate, si es evidente que se ha discutido lo suficiente.

5. Falta de Claridad en las Mociones

- **Descripción**: Cuando las mociones no se presentan de manera clara y específica, los miembros pueden no entender completamente qué es lo que están votando. Esto genera confusión y dificulta la toma de decisiones.
- **Consecuencia**: La confusión puede llevar a decisiones mal informadas o a votaciones incorrectas, lo que debilita la eficacia de la reunión.
- **Ejemplo**: Un miembro propone una moción para "mejorar el sistema de riego", pero no especifica qué tipo de mejoras, cuánto costarán ni cómo se implementarán, lo que

genera confusión entre los miembros antes de la votación.

Solución: Asegurarse de que las mociones sean claras, específicas y detalladas antes de ser presentadas para su debate y votación.

6. No Realizar un Seguimiento Adecuado

- **Descripción**: Otro error es no hacer un seguimiento de las decisiones tomadas en reuniones anteriores. A menudo, se aprueban mociones o se asignan tareas, pero no se da un seguimiento adecuado para verificar su implementación.
- **Consecuencia**: Las decisiones importantes no se llevan a cabo, lo que puede generar frustración entre los miembros y una falta de confianza en el liderazgo de la organización.
- **Ejemplo**: En una reunión, se aprueba la compra de maquinaria agrícola, pero en la siguiente reunión no se hace un seguimiento para verificar si la compra se realizó o si hubo problemas en el proceso.

Solución: El secretario debe registrar todas las decisiones y acciones acordadas en el acta de la reunión y asegurarse de que se haga un seguimiento adecuado en las reuniones posteriores.

7. No Permitir la Participación de Todos los Miembros

- **Descripción**: En algunos casos, se permite que solo un pequeño grupo de miembros participe activamente en las discusiones, mientras que otros no tienen la oportunidad de intervenir o se sienten intimidados para expresar sus opiniones.
- **Consecuencia**: La falta de participación de todos los miembros genera descontento y puede llevar a decisiones que no reflejan los intereses de toda la organización.

- **Ejemplo**: En una reunión sobre la distribución de fondos, solo los miembros más experimentados o influyentes participan en la discusión, dejando fuera a los nuevos miembros o a los productores pequeños.

Solución: El presidente debe garantizar que todos los miembros tengan la oportunidad de hablar, distribuyendo el turno de palabra de manera equitativa y alentando la participación de todos.

8. Votaciones Mal Administradas

- **Descripción**: La falta de claridad en el proceso de votación puede generar confusión y desorganización. Esto puede ocurrir cuando no se explica adecuadamente el procedimiento de votación o cuando los resultados no se cuentan de manera precisa.
- **Consecuencia**: Las decisiones pueden ser impugnadas o percibidas como injustas, lo que debilita la confianza en el proceso de toma de decisiones.
- **Ejemplo**: Durante una votación sobre un nuevo proyecto agrícola, el presidente no explica claramente cómo se llevará a cabo la votación y los miembros no están seguros de si deben votar a mano alzada o mediante boletas secretas, lo que genera confusión y retrasos.

Solución: Antes de cada votación, el presidente debe explicar el procedimiento claramente y asegurarse de que los resultados se cuenten de manera transparente.

9. No Tener Quórum

- **Descripción**: Realizar una reunión sin contar con el número mínimo de miembros requeridos para tomar decisiones (quórum) es un error grave que puede invalidar todas las decisiones tomadas en esa reunión.
- **Consecuencia**: Las decisiones tomadas en una reunión sin quórum no son válidas, lo que puede generar retrasos en la implementación de proyectos importantes y la necesidad de repetir la reunión.
- **Ejemplo**: En una reunión de la junta directiva de una cooperativa agrícola, solo asisten 5 de los 10 miembros necesarios para el quórum, pero aun así se decide aprobar un nuevo presupuesto, lo que resulta en problemas legales posteriormente.

Solución: El secretario debe asegurarse de que el quórum esté presente antes de que comience la reunión y antes de que se tomen decisiones importantes.

10. Ignorar los Conflictos de Intereses

- **Descripción**: Los conflictos de intereses ocurren cuando un miembro tiene un interés personal o financiero en una decisión que afecta a la organización, y no se declara o se maneja de manera inapropiada.
- **Consecuencia**: Los conflictos de intereses no manejados pueden erosionar la confianza en la organización y crear un ambiente de sospecha entre los miembros.
-
- **Ejemplo**: Un miembro de la cooperativa vota a favor de un contrato para comprar insumos de una empresa en la que él tiene participación financiera, sin revelar este conflicto de interés a los demás miembros.

Solución: Todos los miembros deben declarar cualquier posible conflicto de interés antes de participar en la discusión o votación, y deben abstenerse de votar en esas situaciones.

Resumen de Errores Comunes en Reuniones

Error Común	Consecuencia	Solución
Falta de preparación	Reuniones ineficientes, decisiones mal informadas.	Preparar y distribuir

Ignorar los conflictos de intereses es un error común en las organizaciones, incluidas las cooperativas agrícolas, que puede tener consecuencias significativas. Un conflicto de intereses ocurre cuando un miembro de la organización tiene un interés personal o financiero en una decisión que está siendo discutida y, sin embargo, no lo declara o no se maneja de forma adecuada. Estos conflictos pueden surgir en situaciones donde los miembros pueden beneficiarse directamente de las decisiones de la cooperativa, lo cual puede poner en duda la transparencia y equidad del proceso de toma de decisiones.

La consecuencia más grave de ignorar o no manejar adecuadamente los conflictos de intereses es la erosión de la confianza dentro de la organización. Si los miembros sospechan que algunos están utilizando su posición para obtener beneficios personales, esto puede generar desconfianza y divisiones dentro del grupo. Además, puede perjudicar la imagen pública de la cooperativa, ya que los socios y partes interesadas pueden percibir falta de integridad en el manejo de los asuntos internos.

Un ejemplo claro de conflicto de interés ocurre cuando un miembro de la cooperativa vota a favor de un contrato para comprar insumos de una empresa en la que él tiene participación financiera, sin revelar este conflicto de interés a los demás miembros. Este tipo de acciones puede llevar a la percepción de favoritismo o de toma de decisiones injustas que no benefician a la organización como un todo.

La solución para evitar estos problemas es que todos los miembros deben declarar cualquier posible conflicto de interés antes de participar en la discusión o votación de un asunto. Además, en caso de existir un conflicto, el miembro en cuestión debe abstenerse de votar para asegurar que las decisiones se tomen de manera justa y equitativa, sin influencias externas que puedan perjudicar a la organización.

Este tipo de transparencia y ética es clave para mantener la confianza y cohesión dentro de la cooperativa, asegurando que todas las decisiones sean vistas como justas y orientadas al beneficio colectivo.

¿Cómo Acomodar la Mesa Presidencial en una Reunión?

La disposición de la mesa presidencial es clave para asegurar el orden, la claridad y la funcionalidad de una reunión parlamentaria, especialmente en el contexto de cooperativas o juntas agrícolas. La organización de los asientos debe reflejar la jerarquía y las funciones de los miembros clave, facilitando la interacción y la toma de decisiones.

Disposición Típica de la Mesa Presidencial

1. **El Presidente**:
   - **Posición**: El presidente ocupa el **centro de la mesa**. Esta ubicación simboliza su papel central en la moderación de la reunión y su autoridad para guiar los procedimientos. Desde esta posición, el presidente puede ver claramente a todos los participantes y asegurar que se sigan las reglas parlamentarias.
   - **Funciones**: Modera la reunión, da la palabra, supervisa las discusiones y asegura que los temas se traten de acuerdo al orden del día.
2. **El Secretario**:
   - **Posición**: El secretario se sienta a la **derecha del presidente**. Esta ubicación facilita la comunicación entre ambos, ya que el secretario es responsable de registrar las actas, leer documentos relevantes y garantizar que los registros sean precisos.

- **Funciones**: Toma nota de las decisiones, registra las mociones y se asegura de que las actas reflejen fielmente lo ocurrido en la reunión.

3. **El Vicepresidente**:
   - **Posición**: El vicepresidente se sienta a la **izquierda del presidente**. Como segundo al mando, está preparado para asumir las funciones del presidente en caso de ausencia y apoyar en la gestión de la reunión.
   - **Funciones**: Asiste al presidente, supervisa comités específicos y asume roles asignados según las necesidades de la reunión.

4. **El Parlamentarista (si lo hay)**:
   - **Posición**: El parlamentarista, si está presente, debe sentarse cerca del presidente, generalmente a la **extrema derecha de la mesa presidencial** (después del secretario). Esto facilita que el parlamentarista asesore al presidente sobre cuestiones de procedimientos parlamentarios en tiempo real.

- Funciones: Proporciona orientación sobre las reglas parlamentarias, resuelve dudas sobre procedimientos y asegura que las acciones de la reunión se realicen conforme a las normas establecidas.

Ejemplo de Disposición en la Mesa Presidencial

- Extremo izquierdo: Vocales o representantes adicionales (si es necesario).
- Primera posición izquierda: Vicepresidente.
- Centro: Presidente.
- Primera posición derecha: Secretario.
- Extremo derecho: Parlamentarista (si está presente).

Recomendaciones Adicionales

1. **Espacio Adecuado**: La mesa debe ser suficientemente amplia para que los documentos y materiales de cada miembro estén organizados, sin generar desorden.
2. **Visibilidad**: Asegúrate de que todos los participantes de la reunión tengan una línea de visión clara hacia la mesa presidencial.

3. **Micrófonos (si aplica)**: Si el evento utiliza equipo de sonido, coloca micrófonos en puntos estratégicos para cada miembro de la mesa.

4. **Rotulación de Asientos**: Para evitar confusiones, coloca pequeñas placas con los nombres y roles de cada miembro en sus respectivos lugares.

5. **Parlamentarista (si remoto)**: Si el asesor parlamentario no está presente físicamente, organiza un espacio donde pueda comunicarse de forma virtual y tenga acceso directo al presidente.

Durante una reunión de una cooperativa agrícola para discutir la implementación de nuevos equipos, la mesa presidencial se organiza de la siguiente manera: el presidente en el centro dirige la discusión, el secretario toma notas a su derecha, el vicepresidente aporta apoyo estratégico a su izquierda, y el parlamentarista asesora en procedimientos desde el extremo derecho. Esta disposición asegura que las decisiones se tomen de manera organizada y conforme a las reglas parlamentarias.

Funciones Principales del Parlamentarista

1. **Asesor en Procedimientos**:
   El parlamentarista asesora al presidente y a los miembros de la mesa en la aplicación de las reglas parlamentarias, como las *Reglas de Orden de Robert* u otros reglamentos adoptados por la organización. Proporciona orientación en tiempo real durante la reunión para resolver dudas o conflictos relacionados con el procedimiento.

   Ejemplo: Si un miembro presenta una moción en términos poco claros, el parlamentarista puede intervenir para explicar cómo formularla correctamente según las normas.

2. **Resolución de Conflictos**:
   En situaciones donde surjan desacuerdos sobre el proceso, el parlamentarista actúa como un mediador neutral, ofreciendo soluciones basadas en las reglas. Esto ayuda a evitar disputas prolongadas y mantiene el enfoque en los temas del orden del día.

Ejemplo: Durante una votación disputada, el parlamentarista podría aclarar si se requiere mayoría simple o cualificada para aprobar una moción específica.

3. **Garantizar la Equidad y Transparencia**:
Se asegura de que todos los miembros tengan igualdad de oportunidades para expresar sus opiniones y participar en las decisiones. Esto incluye evitar que un miembro domine las discusiones o que se ignoren los derechos de las minorías.

Ejemplo: Si un miembro intenta interrumpir repetidamente a otros, el parlamentarista puede recordar a la asamblea las reglas de orden en el debate.

4. **Capacitación y Educación**:
En muchas organizaciones, el parlamentarista también es responsable de capacitar a los miembros sobre procedimientos parlamentarios y su aplicación. Esto incluye enseñar a los líderes cómo moderar reuniones y a los miembros cómo presentar mociones o participar en debates de manera efectiva.

Ejemplo: Antes de una asamblea general, el parlamentarista puede ofrecer un taller para explicar los procedimientos de votación y el manejo de mociones.

5. **Preparación de Reglas y Reglamentos**: Colabora en la redacción y actualización de los estatutos, reglamentos internos o manuales de procedimientos parlamentarios de la organización. Esto asegura que las reglas estén alineadas con las necesidades actuales de la entidad.

   Ejemplo: Ayudar a una cooperativa agrícola a incluir disposiciones sobre el manejo de conflictos de intereses en su reglamento.

Características de un Buen Parlamentarista

- **Conocimiento Profundo**: Domina las normas parlamentarias aplicables a la organización y se mantiene actualizado sobre posibles modificaciones o adaptaciones.
- **Neutralidad**: No toma partido en los debates ni influye en las decisiones de contenido. Su papel es técnico, no político.

- **Habilidad de Comunicación**: Explica reglas y procedimientos de manera clara, evitando confusiones.
- **Paciencia y Diplomacia**: Maneja conflictos y malentendidos con tacto y profesionalismo.

Posición del Parlamentarista en la Mesa

El parlamentarista generalmente se sienta a la derecha del presidente o en un lugar cercano para proporcionar asesoramiento rápido y discreto cuando sea necesario. Si no está físicamente presente, puede participar de manera remota, siempre asegurándose de tener acceso directo al presidente.

Importancia del Parlamentarista en el Contexto Agrícola

En las organizaciones agrícolas, donde las decisiones a menudo afectan los intereses económicos y sociales de muchos miembros, el papel del parlamentarista es crucial para mantener la confianza en los procesos. Por ejemplo, en una cooperativa agrícola, el parlamentarista puede garantizar que las decisiones sobre la distribución de fondos o la selección de proyectos se tomen conforme a las reglas y respetando la voluntad democrática de los miembros.

El *parlamentarista* no solo es un garante del orden y la legalidad, sino también un recurso educativo y técnico que eleva la calidad de las reuniones, promoviendo la transparencia, la eficiencia y la participación equitativa. Su presencia es una inversión en el buen funcionamiento y la credibilidad de cualquier organización que valore el orden y la democracia en sus procesos.

¿Cómo integrar el parlamentarista en reuniones?

Integrar al parlamentarista en las reuniones parlamentarias puede fortalecer la organización y garantizar que los procedimientos se lleven a cabo de manera eficiente y equitativa. Aquí se presentan los pasos para incluir este rol de manera efectiva:

1. Definir el Rol del Parlamentarista

Antes de incluir al parlamentarista en las reuniones, es fundamental definir claramente sus responsabilidades. Estas pueden incluir:

- Asesorar al presidente y otros miembros sobre las reglas parlamentarias.
- Resolver dudas sobre procedimientos en tiempo real.
- Garantizar la equidad en los debates y votaciones.
- Capacitar a los miembros sobre el uso correcto de las normas.

2. Selección de un Parlamentarista Calificado

El parlamentarista debe ser una persona con un conocimiento profundo de los procedimientos parlamentarios aplicados, como las *Reglas de Orden de Robert*, y con experiencia en el contexto de la organización. Esto puede ser un miembro interno capacitado o un experto externo contratado para esta función.

3. Incorporar al Parlamentarista en la Mesa Presidencial

En las reuniones, el parlamentarista debe sentarse cerca del presidente para facilitar la comunicación rápida y discreta. Idealmente, su posición sería a la derecha del presidente, después del secretario, o en un extremo de la mesa presidencial.

4. Integrar al Parlamentarista en la Preparación de la Reunión

Para que el parlamentarista sea efectivo, debe estar involucrado en la preparación de la reunión:

- **Revisión del Orden del Día**: Asegurarse de que esté organizado correctamente y cumpla con las normas parlamentarias.
- **Anticipación de Escenarios**: Identificar posibles conflictos o preguntas de procedimiento que puedan surgir durante la reunión.
- **Asesoría Previa**: Ofrecer orientación al presidente y otros líderes sobre cómo manejar situaciones específicas, como mociones complejas o procedimientos de votación.

5. Uso del Parlamentarista Durante la Reunión

- **Apoyo en Tiempo Real**: El parlamentarista debe estar disponible para asesorar al presidente sobre cómo manejar mociones, votaciones o conflictos según las normas.
- **Neutralidad**: El parlamentarista no participa en los debates ni toma partido, sino que actúa como un recurso técnico para garantizar la equidad.
- **Intervenciones Breves**: Si es necesario, el parlamentarista puede aclarar procedimientos para todos los presentes, pero debe hacerlo de manera concisa para no interrumpir el flujo de la reunión.

6. Capacitación y Educación Continua

El parlamentarista puede ser una herramienta educativa para los miembros de la organización. Ofrecer talleres o capacitaciones regulares sobre procedimientos parlamentarios ayuda a que todos los participantes comprendan las normas y las apliquen correctamente.

7. Documentación y Seguimiento

Después de cada reunión, el parlamentarista puede colaborar con el secretario para revisar las actas y asegurarse de que se reflejen correctamente las acciones tomadas conforme a las reglas.

Ejemplo Práctico de Integración

En una reunión de una cooperativa agrícola para decidir la compra de nuevos equipos, surge una moción secundaria para enmendar el monto presupuestado. El presidente duda si esta moción requiere una votación inmediata o si puede ser pospuesta. El parlamentarista interviene de manera discreta para confirmar que, según las reglas parlamentarias, la moción debe ser discutida antes de votar. Esto asegura que el procedimiento sea justo y ordenado.

Integrar al parlamentarista de esta manera no solo mejora la estructura de las reuniones, sino que también fortalece la confianza en los procesos y asegura que las decisiones se tomen de manera democrática y conforme a las reglas.

¿Dónde debe sentarse el parlamentarista?

El **parlamentarista** debe sentarse en un lugar estratégico dentro de la mesa presidencial o cerca de esta, para cumplir eficazmente con su función de asesorar en tiempo real al presidente y al resto de los miembros sobre los procedimientos parlamentarios. Aquí te indico las ubicaciones más adecuadas y por qué:

1. Cerca del Presidente

- **Ubicación sugerida**: A la **derecha o izquierda inmediata del presidente**, dependiendo de la disposición de la mesa.
- **Razón**: Estar junto al presidente permite una comunicación discreta y rápida, especialmente cuando surgen dudas o conflictos procedimentales durante la reunión. El parlamentarista puede asesorar directamente sin interrumpir el flujo de la reunión.

2. Extremo Derecho de la Mesa Presidencial

- **Ubicación sugerida**: Si hay otros roles importantes como el secretario o el vicepresidente que ocupan los lugares inmediatos al presidente, el parlamentarista puede ubicarse en el **extremo derecho** de la mesa presidencial.
- **Razón**: Desde este lugar, el parlamentarista puede observar a toda la mesa y los participantes, además de intervenir cuando sea necesario sin interrumpir la dinámica del grupo.

3. Frente al Presidente (si el espacio lo permite)

- **Ubicación sugerida**: En reuniones donde el espacio es más flexible y existe una configuración en forma de "U" o rectangular, el parlamentarista podría sentarse directamente frente al presidente.
- **Razón**: Esta posición le brinda una vista clara de todos los participantes y permite asesorar al presidente con contacto visual directo.

4. Asesor Remoto (si aplica)

- **Ubicación sugerida**: Si el parlamentarista no puede estar físicamente presente, debe contar con acceso directo a la comunicación con el presidente, ya sea a través de un canal virtual (videoconferencia) o un sistema de mensajería discreto.
- **Razón**: Garantizar que pueda brindar soporte incluso a distancia.

Consideraciones Prácticas

- **Visibilidad y Discreción**: El parlamentarista debe estar ubicado en un lugar visible para el presidente pero sin ocupar un lugar que le dé protagonismo, ya que su rol es de apoyo técnico y no de liderazgo.
- **Acceso a Documentos**: Su posición debe facilitar el acceso al orden del día, reglamentos, estatutos y otros documentos relevantes.
- **Evitar Distracciones**: No debe sentarse en lugares donde pueda ser un punto de distracción para los participantes.

Ejemplo de Disposición

En una reunión típica:

- **Centro de la mesa presidencial**: Presidente.
- **Derecha inmediata del presidente**: Secretario.
- **Izquierda inmediata del presidente**: Vicepresidente.
- **Extremo derecho de la mesa**: Parlamentarista.

Esta disposición asegura que el parlamentarista pueda cumplir su función de manera eficiente, apoyando al presidente sin interferir en la dinámica de la reunión.

Capítulo 5: Soluciones para Mejorar la Eficiencia en las Reuniones Parlamentarias Agrícolas

En este capítulo, exploraremos las soluciones más efectivas para mejorar la eficiencia y productividad en las reuniones parlamentarias dentro del contexto agrícola. La implementación adecuada de estas soluciones asegura que las reuniones sean claras, ordenadas y que las decisiones se tomen de manera equitativa, maximizando el tiempo y los recursos disponibles para los miembros de las cooperativas, asociaciones o juntas directivas agrícolas. Estos métodos permiten aprovechar mejor las reuniones y contribuyen al éxito de la organización.

1. Preparación Adecuada Antes de la Reunión

Una de las soluciones más efectivas para mejorar la eficiencia en las reuniones es la preparación adecuada de los temas que se discutirán y de los miembros que asistirán. A menudo, la falta de preparación genera demoras, discusiones improductivas y decisiones mal informadas.

1.1. Distribución Anticipada de la Agenda y Documentos

- **Descripción**: Enviar la agenda de la reunión junto con los documentos de soporte (informes financieros, propuestas de proyectos, actas de reuniones anteriores) con suficiente antelación permite que los miembros lleguen preparados y con una comprensión clara de los temas a tratar.

- **Beneficio**: Asegura que todos los participantes tengan el tiempo necesario para revisar la información y llegar listos para contribuir a la discusión, lo que reduce el tiempo dedicado a aclaraciones o discusiones innecesarias.

- **Ejemplo en el contexto agrícola**: Antes de una reunión para decidir sobre la adquisición de nueva maquinaria, el secretario distribuye un informe técnico sobre las opciones disponibles, junto con el análisis financiero del tesorero, para que los miembros lleguen preparados para tomar una decisión informada.

1.2. Asignación de Tareas Previas

- **Descripción**: Asegurarse de que los miembros responsables de presentar informes o propuestas completen sus tareas antes de la reunión. Esto incluye delegar la investigación de temas específicos o la preparación de informes técnicos.
- **Beneficio**: Evita retrasos en la reunión y permite que las decisiones se tomen sobre la base de información confiable.
- **Ejemplo en el contexto agrícola**: Un comité encargado de evaluar las necesidades de riego en la cooperativa presenta su informe detallado antes de la reunión, asegurando que los miembros puedan revisarlo y estar preparados para el debate.

2. Aplicación Estricta del Orden del Día

Mantenerse fiel al orden del día es clave para una reunión eficiente. Desviarse de los temas previstos provoca discusiones desorganizadas y consume tiempo que podría dedicarse a otros asuntos importantes.

2.1. Establecimiento de una Agenda Clara y Específica

- **Descripción**: El presidente y el secretario deben crear una agenda bien estructurada, con tiempos asignados a cada tema. Esto ayuda a mantener la reunión enfocada y a asegurarse de que se cubran todos los puntos importantes dentro del tiempo disponible.
- **Beneficio**: Evita que se desvíen de los temas importantes y asegura que las decisiones se tomen dentro de los plazos establecidos.
- **Ejemplo en el contexto agrícola**: En una reunión para revisar el presupuesto anual, la agenda está dividida en temas específicos, como ingresos, gastos operativos, proyectos de inversión, y se asigna un tiempo de 15 minutos para cada sección.

2.2. Control del Debate

- **Descripción**: El presidente debe controlar el flujo de las discusiones, asegurándose de que los miembros se ciñan al tema en cuestión y respeten el tiempo asignado para cada punto de la agenda.
- **Beneficio**: Mejora el enfoque de la reunión, evitando debates prolongados o fuera de tema.
- **Ejemplo en el contexto agrícola**: Durante la discusión sobre la adquisición de equipos de

procesamiento, si un miembro comienza a discutir sobre temas no relacionados, el presidente interviene para redirigir la conversación al tema de la agenda.

3. Uso de Mociones para Controlar el Flujo de la Reunión

El uso adecuado de las **mociones** es esencial para garantizar que las decisiones se tomen de manera clara y eficiente. Las mociones permiten organizar el debate y decidir cuándo se ha discutido lo suficiente.

3.1. Presentación Clara de las Mociones

- **Descripción**: Las mociones deben presentarse de manera clara y precisa, especificando la acción que se propone. Esto ayuda a enfocar el debate y a evitar confusiones durante la votación.
- **Beneficio**: Asegura que todos los miembros comprendan exactamente qué se está votando y cuál es el objetivo de la moción.
- **Ejemplo en el contexto agrícola**: En una reunión para aprobar la construcción de un nuevo almacén, un miembro presenta una moción detallada que incluye el costo del

proyecto, los plazos y las fuentes de financiamiento.

3.2. Mociones Subsidiarias para Cerrar el Debate

- **Descripción**: Cuando se ha discutido lo suficiente sobre un tema, cualquier miembro puede proponer una moción para cerrar el debate y pasar a la votación.
- **Beneficio**: Evita que las discusiones se prolonguen innecesariamente y permite avanzar hacia la toma de decisiones.
- **Ejemplo en el contexto agrícola**: Tras un largo debate sobre el tipo de fertilizantes a comprar, un miembro propone cerrar el debate y proceder a la votación, lo que permite tomar una decisión y avanzar con la reunión.

4. Limitar el Tiempo de Intervención

Un método clave para mejorar la eficiencia en las reuniones es **limitar el tiempo** que cada miembro tiene para intervenir. Esto asegura que todas las voces sean escuchadas sin que la discusión se extienda innecesariamente.

4.1. Establecimiento de Límites de Tiempo para las Intervenciones

- **Descripción**: El presidente debe establecer un límite de tiempo para cada intervención, por ejemplo, 2 o 3 minutos por miembro, dependiendo de la complejidad del tema.
- **Beneficio**: Garantiza que todos los miembros tengan la oportunidad de hablar sin que algunos acaparen la discusión, mejorando la equidad y la eficiencia.
- **Ejemplo en el contexto agrícola**: Durante una reunión para discutir nuevas técnicas de cultivo, cada miembro tiene 3 minutos para presentar sus puntos de vista, lo que permite que todos participen sin alargar demasiado la reunión.

4.2. Uso de un Reloj o Cronómetro

- **Descripción**: Utilizar un reloj visible o un cronómetro ayuda a los miembros a respetar los límites de tiempo establecidos y mejora la percepción del control de la reunión.

- **Beneficio**: Asegura que el tiempo asignado a cada tema se respete, ayudando a la organización de la reunión.
- **Ejemplo en el contexto agrícola**: El presidente usa un cronómetro visible para limitar las intervenciones a 2 minutos, lo que mantiene la discusión enfocada y dentro del tiempo asignado.

5. Delegación de Tareas a Comités

Delegar tareas complejas a **comités** es una manera efectiva de aprovechar el tiempo en las reuniones generales. Los comités pueden investigar temas en profundidad y presentar recomendaciones informadas, lo que facilita la toma de decisiones en la asamblea general.

5.1. Creación de Comités Especializados

- **Descripción**: La creación de comités con miembros especializados en temas específicos (como finanzas, riego, o tecnología agrícola) permite que estos grupos trabajen en los detalles antes de que el tema llegue a la reunión general.

- **Beneficio**: Facilita la discusión y permite que las reuniones generales se concentren en la toma de decisiones, en lugar de debatir detalles técnicos.
- **Ejemplo en el contexto agrícola**: Un comité de finanzas se encarga de revisar y presentar un informe detallado sobre las opciones de financiamiento para un nuevo proyecto agrícola, lo que permite a los miembros votar con información confiable.

5.2. Presentación de Informes Concisos

- **Descripción**: Los comités deben presentar informes concisos y bien estructurados que resuman los puntos más importantes y las recomendaciones clave.
- **Beneficio**: Evita que las reuniones se prolonguen debido a la presentación de informes largos o desorganizados.
- **Ejemplo en el contexto agrícola**: El comité encargado de la evaluación de semillas resistentes a sequías presenta un informe de una página con sus conclusiones y

recomendaciones, permitiendo una discusión rápida y eficiente en la reunión general.

6. Fomentar la Participación Equitativa

Es importante fomentar la participación de todos los miembros, especialmente de aquellos que suelen intervenir menos. Las decisiones más efectivas se toman cuando se escuchan todas las perspectivas.

6.1. Garantizar que Todos los Miembros Tengan Oportunidad de Hablar

- **Descripción**: El presidente debe estar atento para asegurarse de que todos los miembros tengan la oportunidad de hablar, especialmente aquellos que suelen ser menos activos en las discusiones.
- **Beneficio**: Fomenta la inclusión y asegura que las decisiones se tomen teniendo en cuenta todas las perspectivas.
- **Ejemplo en el contexto agrícola**: El presidente, tras escuchar las intervenciones de los miembros más vocales, invita a los pequeños productores a compartir sus opiniones sobre un proyecto de expansión agrícola.

6.2. Uso de Turnos de Palabra

- **Descripción**: Para garantizar una participación equitativa, el presidente puede asignar turnos de palabra de manera estructurada, por ejemplo, llevando una lista de los miembros que desean hablar. Esto asegura que todos los interesados puedan expresar sus opiniones.
- **Beneficio**: Evita que algunos miembros dominen la conversación y permite que las discusiones sean más organizadas y equilibradas.
- **Ejemplo en el contexto agrícola**: Durante una discusión sobre la implementación de nuevas tecnologías de riego, el presidente lleva un registro de los miembros que desean intervenir y otorga la palabra por orden, asegurándose de que cada productor tenga la oportunidad de participar.

7. Uso de Tecnología para Facilitar la Reunión

El uso de herramientas tecnológicas puede mejorar significativamente la eficiencia y transparencia en las reuniones parlamentarias, especialmente en el sector agrícola, donde a veces los miembros se encuentran en ubicaciones remotas.

7.1. Videoconferencias para Reuniones Remotas

- **Descripción**: Las reuniones virtuales o híbridas (combinando presencia física y virtual) permiten que los miembros que no pueden asistir físicamente puedan participar en la reunión. Esto es particularmente útil en cooperativas agrícolas donde algunos miembros pueden estar en el campo o en ubicaciones alejadas.
- **Beneficio**: Aumenta la participación y evita demoras causadas por la falta de quórum.
- **Ejemplo en el contexto agrícola**: Durante la temporada de cosecha, algunos miembros de la cooperativa participan en las reuniones a través de videoconferencia, lo que les permite mantenerse involucrados sin tener que desplazarse.

7.2. Herramientas de Gestión de Documentos y Votación Electrónica

- **Descripción**: Utilizar plataformas para compartir documentos en línea y realizar votaciones electrónicas en tiempo real facilita que todos los miembros accedan a la información y participen en las decisiones, incluso si no pueden asistir presencialmente.
- **Beneficio**: Aumenta la transparencia y la accesibilidad, permitiendo que las decisiones se tomen de manera más rápida y organizada.
- **Ejemplo en el contexto agrícola**: En una reunión virtual, los miembros de la cooperativa utilizan una plataforma en línea para votar sobre la aprobación del presupuesto anual, y los resultados se tabulan automáticamente, acelerando el proceso de votación.

8. Evaluación de las Reuniones Anteriores

Es importante realizar una evaluación periódica de las reuniones anteriores para identificar posibles mejoras. Este análisis puede incluir la revisión de los tiempos, la eficiencia de las decisiones tomadas y la calidad de las discusiones.

8.1. Revisión de los Tiempos y Eficiencia

- **Descripción**: Al finalizar cada reunión, el presidente y el secretario pueden evaluar si la reunión fue eficiente en términos de tiempo y decisiones tomadas, identificando áreas donde se puede mejorar.
- **Beneficio**: Ayuda a optimizar futuras reuniones al aplicar mejoras basadas en la experiencia previa.
- **Ejemplo en el contexto agrícola**: Después de una reunión para discutir la adquisición de insumos agrícolas, el presidente revisa si se mantuvo el tiempo asignado para cada tema y si se cumplieron los objetivos de la reunión.

8.2. Solicitar Retroalimentación de los Miembros

- **Descripción**: El presidente o el secretario pueden solicitar retroalimentación a los miembros sobre la estructura y eficacia de la reunión, identificando sugerencias para mejorar el proceso.
- **Beneficio**: Permite ajustes personalizados según las necesidades y preferencias de los miembros.

- **Ejemplo en el contexto agrícola**: Los miembros de la cooperativa sugieren que se incluya más tiempo para la discusión de ciertos proyectos técnicos en las reuniones futuras, lo que ayuda a mejorar la planificación de las próximas reuniones.

9. Revisión y Actualización de las Reglas Parlamentarias

A medida que las organizaciones crecen o cambian, puede ser necesario actualizar las reglas parlamentarias para asegurar que sigan siendo relevantes y eficientes.

9.1. Adaptación de las Reglas a Nuevas Circunstancias

- **Descripción**: Las reglas parlamentarias deben revisarse periódicamente para asegurarse de que se adapten a las necesidades actuales de la organización. Esto puede incluir cambios en los procedimientos de votación, quórum, o la manera en que se asignan los tiempos de discusión.
- **Beneficio**: Mantiene las reuniones actualizadas y relevantes para las necesidades actuales de la organización.

- **Ejemplo en el contexto agrícola**: La cooperativa revisa sus reglas para permitir votaciones electrónicas, ya que muchos miembros tienen dificultades para asistir físicamente debido a la distancia y los compromisos laborales.

9.2. Simplificación de Procedimientos Complejos

- **Descripción**: A veces, las reglas parlamentarias pueden volverse demasiado complicadas y hacer que las reuniones sean lentas o difíciles de manejar. En estos casos, simplificar algunos procedimientos puede mejorar la eficiencia sin sacrificar la transparencia.
- **Beneficio**: Acelera el proceso de toma de decisiones y reduce la burocracia.

- **Ejemplo en el contexto agrícola**: La cooperativa decide simplificar el procedimiento para aprobar compras menores, permitiendo que el tesorero y el presidente tomen decisiones rápidas sin tener que convocar una votación completa en cada caso.

La eficiencia en las reuniones parlamentarias es esencial para el buen funcionamiento de una cooperativa agrícola o cualquier organización similar. La implementación de estas soluciones puede garantizar que las reuniones sean más productivas, que los recursos se utilicen de manera más efectiva, y que las decisiones se tomen de manera informada y equitativa.

Solución	Descripción	Beneficio
Preparación Adecuada	Distribuir la agenda y los documentos con antelación para que todos los miembros lleguen preparados.	Reduce el tiempo dedicado a aclaraciones y discusiones innecesarias.
Seguir el Orden del Día	Mantener la discusión dentro de los temas predefinidos y redirigir las conversaciones si se desvían.	Evita desviaciones que alargan innecesariamente las reuniones.
Uso Adecuado	Asegurarse de que las	Organiza el flujo de la

de Mociones	mociones sean claras y utilizar mociones subsidiarias para cerrar el debate cuando sea necesario.	discusión y permite que se tomen decisiones de manera oportuna.
Limitar el Tiempo de Intervenció n	Establecer límites de tiempo para las intervenciones y utilizar un cronómetro para asegurar que se respeten.	Permite que todos los miembros participen sin que las discusiones se prolonguen innecesariament e.
Delegación a Comités	Delegar temas específicos a comités para que investiguen y presenten informes resumidos en las reuniones generales.	Facilita la toma de decisiones y evita debates prolongados sobre temas técnicos o especializados.

Fomentar la Participació n	Asegurarse de que todos los miembros tengan la oportunidad de hablar, utilizando turnos de palabra o invitando directamente a los menos activos a participar.	Mejora la equidad en la participación y asegura que todas las voces sean escuchadas.
Uso de Tecnología	Utilizar herramientas tecnológicas como videoconferenci as y plataformas para compartir documentos y votar electrónicament e.	Aumenta la accesibilidad, transparencia y facilita la participación remota.

Evaluación de las Reuniones	Revisar las reuniones anteriores para identificar áreas de mejora y solicitar retroalimentació n de los miembros.	Mejora las futuras reuniones al aplicar cambios basados en experiencias pasadas.
Revisión de Reglas	Actualizar las reglas parlamentarias para que se adapten a las necesidades actuales de la organización y simplificar procedimientos si es necesario.	Mantiene las reuniones actualizadas y permite que se tomen decisiones de manera más eficiente.

Implementar estas soluciones permite que las reuniones sean más organizadas, se optimice el tiempo de todos los miembros y se logre que las decisiones sean tomadas de manera clara, democrática y eficiente, aspectos cruciales para el éxito y la sostenibilidad de cualquier organización agrícola.

¿Qué recomendaciones tienes para la agenda?

La agenda es una herramienta esencial para asegurar que las reuniones parlamentarias sean organizadas, eficientes y productivas. Una agenda bien planificada permite que los miembros sepan de antemano los temas a discutir, que se optimice el tiempo y que se logren los objetivos propuestos. A continuación, te presento recomendaciones específicas para crear una agenda efectiva para reuniones en el contexto agrícola.

Recomendaciones para la Creación de una Agenda Efectiva

1. Preparación y Distribución Anticipada de la Agenda

- **Descripción**: La agenda debe ser preparada y distribuida con suficiente anticipación (al menos 3-7 días antes de la reunión) para que los miembros tengan tiempo de revisarla y prepararse adecuadamente.

- **Beneficio**: Asegura que los participantes lleguen informados y listos para discutir los temas relevantes, lo que ahorra tiempo durante la reunión.
- **Ejemplo en el contexto agrícola**: Antes de una reunión para decidir sobre la inversión en nuevas tecnologías de riego, la agenda, junto con informes técnicos, debe ser enviada a todos los miembros con tiempo suficiente para que puedan analizar la propuesta.

2. Definir Objetivos Claros para la Reunión

- **Descripción**: La agenda debe establecer claramente los objetivos de la reunión. ¿Qué decisiones deben tomarse? ¿Qué informes o actualizaciones se presentarán? Tener objetivos claros asegura que la reunión tenga un propósito definido y evita discusiones innecesarias.
- **Beneficio**: Ayuda a enfocar la reunión en los resultados que se deben alcanzar, mejorando la eficiencia.
- **Ejemplo en el contexto agrícola**: Si la reunión es para aprobar el presupuesto agrícola anual, el objetivo principal de la agenda debe ser "Aprobación del presupuesto 2024".

3. Establecer el Orden de los Temas por Prioridad

- **Descripción**: Organiza los temas en la agenda por orden de importancia. Los temas más cruciales deben tratarse al principio, cuando la energía y la atención de los participantes es mayor. Los puntos secundarios pueden colocarse hacia el final de la agenda.
- **Beneficio**: Asegura que los asuntos más importantes sean discutidos y resueltos, incluso si el tiempo se reduce para los temas menos prioritarios.
- **Ejemplo en el contexto agrícola**: En una reunión para discutir la compra de maquinaria y la organización de un evento social, la compra de maquinaria debería discutirse primero, ya que es un tema crítico para las operaciones agrícolas.

4. Asignar Tiempos para Cada Tema

- **Descripción**: Asigna un límite de tiempo para cada punto de la agenda. Esto ayuda a controlar el tiempo de la reunión y evita que las discusiones se prolonguen innecesariamente. El presidente o moderador debe velar por el cumplimiento de estos tiempos.

- **Beneficio**: Mantiene el ritmo de la reunión y asegura que todos los temas programados sean tratados dentro del tiempo asignado.
- **Ejemplo en el contexto agrícola**: En una reunión para planificar la producción anual, asigna 20 minutos para revisar los costos de insumos, 15 minutos para discutir las ventas proyectadas y 10 minutos para analizar la logística.

5. Incluir Espacios para Informes y Mociones

- **Descripción**: La agenda debe incluir secciones para presentar informes importantes (financieros, técnicos, etc.) y para discutir mociones previamente notificadas por los miembros. Esto permite que la reunión fluya de manera organizada y que los miembros sepan cuándo se discutirá cada tema.
- **Beneficio**: Asegura que todos los informes y mociones tengan un espacio claro en la reunión, lo que evita sorpresas y permite una preparación adecuada.

- **Ejemplo en el contexto agrícola**: La agenda puede incluir un espacio específico para el informe del tesorero sobre los gastos recientes de la cooperativa y otro espacio para presentar mociones relacionadas con la expansión de tierras agrícolas.

6. Crear un Espacio para "Asuntos Varios" o "Nuevos Negocios"

- **Descripción**: Aunque la agenda debe estar bien definida, es recomendable incluir un espacio hacia el final para "Asuntos varios" o "Nuevos negocios". Esto permite a los miembros plantear temas que no estaban programados, pero que son relevantes para discutir.
- **Beneficio**: Facilita que los miembros presenten nuevas ideas o preocupaciones sin interrumpir el flujo de la reunión principal.
- **Ejemplo en el contexto agrícola**: Durante una reunión para aprobar el presupuesto, un miembro podría usar la sección de "Asuntos varios" para proponer la organización de un evento de promoción agrícola que no estaba en la agenda original.

7. Incluir Tiempo para Preguntas y Clarificaciones

- **Descripción**: Incluye un espacio al final de cada tema de la agenda para que los miembros hagan preguntas o soliciten aclaraciones. Esto garantiza que los participantes comprendan plenamente las decisiones que se están tomando y puedan participar de manera informada.
- **Beneficio**: Fomenta la transparencia y la participación activa, reduciendo la posibilidad de malentendidos o confusión.
- **Ejemplo en el contexto agrícola**: Después de presentar el informe sobre los avances en la construcción de infraestructura, el presidente puede abrir el espacio para preguntas antes de pasar al siguiente punto de la agenda.

8. Ser Flexibles pero Mantener el Control

- **Descripción**: Aunque la agenda debe ser seguida de manera estricta, también es importante ser flexibles ante imprevistos. El presidente debe tener la capacidad de modificar la agenda si surge un tema urgente o si un asunto requiere más tiempo del previsto, pero siempre manteniendo el control de la reunión.

- **Beneficio**: Asegura que la reunión no se vea obstaculizada por cambios imprevistos, manteniendo un equilibrio entre flexibilidad y estructura.
- **Ejemplo en el contexto agrícola**: Si surge una emergencia relacionada con una plaga que afecta los cultivos, el presidente puede decidir dar prioridad a este tema, incluso si no estaba originalmente en la agenda.

9. Incluir la Aprobación del Acta de la Reunión Anterior

- **Descripción**: Uno de los primeros puntos de la agenda debe ser la revisión y aprobación del acta de la reunión anterior. Esto asegura que los miembros estén de acuerdo con los registros de las decisiones pasadas antes de avanzar con nuevos temas.
- **Beneficio**: Garantiza que el registro oficial de decisiones sea correcto y evita malentendidos o discrepancias sobre las discusiones previas.

- **Ejemplo en el contexto agrícola**: Al inicio de la reunión, el secretario presenta el acta de la reunión anterior para que sea aprobada por todos los miembros antes de continuar con la nueva agenda.

10. Cerrar con un Resumen de las Decisiones Tomadas y Próximos Pasos

- **Descripción**: La agenda debe concluir con un resumen de las decisiones tomadas y las tareas asignadas. Esto asegura que todos los miembros salgan de la reunión con una comprensión clara de lo que se acordó y de las acciones que se deben realizar.
- **Beneficio**: Refuerza la claridad y facilita el seguimiento de las tareas pendientes, mejorando la efectividad de las decisiones tomadas.
- **Ejemplo en el contexto agrícola**: Al finalizar la reunión, el presidente repasa las decisiones tomadas sobre la compra de maquinaria, asignando tareas a los responsables de la implementación y estableciendo fechas para las próximas acciones.

Ejemplo de una Agenda para una Reunión Parlamentaria Agrícola

Cooperativa Agrícola "Los Nuevos Horizontes"
Reunión Ordinaria – 15 de Octubre de 2024
Hora: 10:00 a.m. – Lugar: Sala de Reuniones de la Cooperativa

1. Bienvenida e Introducción (5 minutos)
2. Revisión y Aprobación del Acta de la Reunión Anterior (10 minutos)
3. Informe del Tesorero sobre el Presupuesto 2024 (15 minutos)

- Presentación de los ingresos y gastos del último trimestre
- Aprobación del presupuesto 2024
  4. Discusión sobre la Compra de Nueva Maquinaria Agrícola (20 minutos)
- Opciones de financiamiento y costos
- Presentación del informe técnico del comité de maquinaria
- Votación para aprobar la compra
  5. Informe del Comité de Producción sobre Técnicas de Cultivo Sostenible (15 minutos)
- Propuesta para la adopción de nuevas prácticas agrícolas

- Preguntas y comentarios

6. Asuntos Varios/Nuevos Negocios (10 minutos)

- Propuestas de los miembros

7. Resumen de Decisiones y Tareas Asignadas (5 minutos)

- Recapitulación de las decisiones tomadas
- Asignación de tareas y fechas para la próxima reunión

8. Cierre de la Reunión (5 minutos)

Resumen de las Recomendaciones para la Agenda

RECOMENDACIÓN	DESCRIPCIÓN
DISTRIBUCIÓN ANTICIPADA	Enviar la agenda y documentos clave con tiempo suficiente para que los miembros lleguen preparados.
DEFINIR OBJETIVOS CLAROS	Establecer los objetivos de la reunión y los resultados esperados.
ORDENAR LOS TEMAS POR PRIORIDAD	Colocar los temas más importantes al principio de la agenda

	para asegurar que se traten con mayor atención.
ASIGNAR TIEMPOS PARA CADA TEMA	Limitar el tiempo para la discusión de cada punto para evitar que la reunión se extienda innecesariamente.
INCLUIR ESPACIO PARA INFORMES Y MOCIONES	Incluir puntos para la presentación de informes importantes y discusión de mociones para asegurar que las decisiones se tomen con información adecuada.
ESPACIO PARA ASUNTOS VARIOS	Incluir un tiempo para "Asuntos varios" o "Nuevos negocios" al final de la agenda para permitir la presentación de temas adicionales.
TIEMPO PARA PREGUNTAS Y CLARIFICACIONES	Reservar tiempo para preguntas o aclaraciones después

	de cada tema discutido.
SER FLEXIBLE PERO MANTENER EL CONTROL	Ajustar la agenda en casos de emergencia o cuando se requiera más tiempo, pero mantener el enfoque general de la reunión.
INCLUIR LA APROBACIÓN DEL ACTA ANTERIOR	Comenzar las reuniones revisando y aprobando el acta anterior para garantizar que las decisiones pasadas se registren correctamente.
RESUMEN DE DECISIONES Y PRÓXIMOS PASOS	Cerrar la reunión con un resumen de las decisiones tomadas y asignar tareas claras para el seguimiento.

Beneficios de una Agenda Bien Estructurada

1. **Ahorra tiempo**: Una agenda bien planificada asegura que la reunión fluya de manera ordenada y eficiente, evitando discusiones prolongadas e innecesarias.
2. **Mejora la toma de decisiones**: Con una estructura clara, los miembros pueden enfocarse en los temas más importantes y tomar decisiones informadas.
3. **Fomenta la participación**: Al incluir espacios para preguntas, mociones y nuevos negocios, se asegura que todos los miembros tengan la oportunidad de participar.
4. **Facilita el seguimiento**: Al terminar la reunión con un resumen de decisiones y tareas, todos los miembros saben exactamente cuáles son los próximos pasos y responsabilidades.

Una agenda bien diseñada es esencial para el éxito de cualquier reunión parlamentaria, especialmente en el sector agrícola, donde la gestión del tiempo y la toma de decisiones informadas son cruciales para el buen funcionamiento de las cooperativas y asociaciones. Siguiendo estas recomendaciones, las reuniones serán más eficientes, organizadas y participativas, garantizando que todos los miembros contribuyan al crecimiento y desarrollo de la organización.

¿Cómo debo organizar un informe anual?

Organizar un informe anual es una tarea fundamental para comunicar los logros, desafíos, y el estado financiero de una organización, especialmente en una cooperativa agrícola o asociación del sector agrícola. Un informe bien estructurado no solo ayuda a rendir cuentas a los miembros, sino que también proporciona una visión clara para la planificación futura y asegura la transparencia. A continuación, te explico cómo organizar un informe anual de manera efectiva, incluyendo las secciones clave que debería contener.

Estructura Recomendada para un Informe Anual

1. Carta de Introducción del Presidente o Director

- **Descripción**: Esta carta o mensaje es una introducción general que el presidente o director de la organización escribe para los miembros y partes interesadas. Debe incluir una revisión general del año, destacando los logros más importantes, los desafíos enfrentados y las metas para el futuro.
- **Objetivo**: Proporcionar una visión general y dar una perspectiva personal sobre el estado de la organización.
- **Contenido**:
  - Agradecimiento a los miembros, empleados y colaboradores.
  - Resumen de los principales logros y desafíos del año.
  - Enfoque para el año siguiente.

Ejemplo en el contexto agrícola: El presidente de una cooperativa agrícola puede resumir los éxitos en la mejora de la producción y las inversiones en nuevas tecnologías de riego, así como mencionar los retos en la comercialización de los productos.

2. Misión y Visión de la Organización

- **Descripción**: Incluir una sección breve que recuerde a los miembros la misión y la visión de la organización. Esto reafirma el compromiso con los valores fundamentales y el propósito de la cooperativa o asociación.
- **Objetivo**: Recordar a los miembros el enfoque estratégico de la organización y cómo se están cumpliendo los objetivos.

Ejemplo en el contexto agrícola: "Nuestra misión es proporcionar a los agricultores los recursos y el apoyo necesarios para promover prácticas agrícolas sostenibles y aumentar la competitividad en el mercado local y global."

3. Resumen Ejecutivo

- **Descripción**: El resumen ejecutivo es una visión general del informe, que proporciona a los lectores una comprensión rápida de los aspectos más importantes, como los logros clave, el estado financiero y los objetivos futuros.
- **Objetivo**: Ofrecer una visión general concisa para quienes no puedan leer todo el informe en detalle.

- **Contenido**:
    - Principales logros del año.
    - Proyectos más importantes llevados a cabo.
    - Estado financiero general.
    - Metas para el próximo año.

Ejemplo en el contexto agrícola: "Este año, la cooperativa ha aumentado su producción de café en un 15%, ha implementado un nuevo sistema de riego eficiente y ha asegurado un nuevo contrato de exportación con una empresa internacional."

4. Logros Clave del Año

- **Descripción**: Detalla los principales logros de la organización durante el año. Esto puede incluir aumentos en la producción, nuevos proyectos, mejoras tecnológicas, acuerdos comerciales, subvenciones obtenidas o cualquier otro hito importante.
- **Objetivo**: Informar a los miembros sobre los éxitos alcanzados y destacar el impacto positivo de las actividades realizadas.
- **Contenido**:
    - Incremento en la producción y productividad.
    - Nuevas tecnologías implementadas.

- Logros en sostenibilidad o innovación.
- Expansión de la membresía o la base de clientes.

Ejemplo en el contexto agrícola: "Se adquirieron dos nuevas cosechadoras que han aumentado la eficiencia de la recolección en un 30%, y se implementaron prácticas de agricultura sostenible que han reducido el uso de pesticidas en un 20%."

5. Estado Financiero

- **Descripción**: Esta sección proporciona una descripción clara del estado financiero de la organización. Debe incluir los informes financieros más relevantes, como el balance general, el estado de resultados, y el flujo de caja. También es importante incluir cualquier comentario sobre el rendimiento financiero en comparación con el año anterior.
- **Objetivo**: Presentar de manera transparente la situación financiera de la organización, permitiendo que los miembros vean cómo se han utilizado los recursos.

- **Contenido**:
    - Balance general: Muestra los activos, pasivos y patrimonio de la organización.
    - Estado de resultados: Presenta los ingresos, gastos y el resultado neto del año.
    - Flujo de caja: Detalla las entradas y salidas de dinero durante el año.
    - Comentarios sobre el rendimiento financiero: Explicaciones sobre aumentos o disminuciones en los ingresos y gastos, y comparación con años anteriores.

Ejemplo en el contexto agrícola: "Este año, la cooperativa generó ingresos brutos de $2,000,000, un aumento del 10% en comparación con el año pasado. Los costos operativos aumentaron ligeramente debido a la compra de nuevos equipos, pero se espera que la inversión genere ahorros a largo plazo."

6. Proyectos y Programas en Desarrollo

- **Descripción**: Una sección dedicada a los proyectos o programas que están en marcha y que tendrán impacto en el futuro cercano. Esto puede incluir inversiones en infraestructura, nuevas iniciativas comerciales, o programas de sostenibilidad agrícola.
- **Objetivo**: Informar a los miembros sobre los desarrollos actuales y cómo estos proyectos fortalecerán a la organización a largo plazo.
- **Contenido**:
  - Descripción de cada proyecto en curso.
  - Objetivos y metas a cumplir.
  - Tiempos de implementación y beneficios esperados.

Ejemplo en el contexto agrícola: "El proyecto de expansión de la infraestructura de almacenamiento está en marcha y se espera que esté finalizado para el segundo trimestre del próximo año, lo que permitirá almacenar un 25% más de productos frescos."

7. Desafíos y Lecciones Aprendidas

- **Descripción**: Detallar los principales desafíos que la organización enfrentó durante el año. Esto puede incluir dificultades en la producción, problemas climáticos, fluctuaciones en el mercado o desafíos operativos. También es importante destacar las lecciones aprendidas y las estrategias que se implementarán para abordar estos problemas en el futuro.
- **Objetivo**: Ser transparente sobre los desafíos, mostrando a los miembros cómo se han superado o cómo se planea abordarlos en el futuro.
- **Contenido**:
  - Principales desafíos enfrentados.
  - Impacto de los desafíos en la organización.
  - Lecciones aprendidas y estrategias para mejorar.

Ejemplo en el contexto agrícola: "Las fuertes lluvias durante el periodo de cosecha presentaron un desafío significativo, lo que resultó en una disminución del 5% en la producción total. Para mitigar este riesgo en el futuro, estamos invirtiendo en mejores sistemas de drenaje."

8. Metas y Estrategias para el Próximo Año

- **Descripción**: Proporcionar una visión clara de los objetivos y metas para el próximo año. Incluir las estrategias que la organización implementará para alcanzar estos objetivos, ya sea en términos de expansión, mejora de la eficiencia o innovación tecnológica.
- **Objetivo**: Proveer un mapa claro de hacia dónde se dirige la organización y cómo planea enfrentar los desafíos futuros.
- **Contenido**:
  - Objetivos de producción, finanzas y crecimiento.
  - Proyectos planificados.
  - Estrategias para alcanzar las metas establecidas.

Ejemplo en el contexto agrícola: "Para el próximo año, nuestra meta es aumentar la producción en un 20% mediante la implementación de prácticas de agricultura de precisión. También planeamos expandir nuestras exportaciones hacia nuevos mercados en Europa."

9. Reconocimiento a los Miembros y Socios

- **Descripción**: Dedicar un espacio para reconocer a los miembros, empleados, colaboradores y socios que hayan hecho contribuciones significativas a la organización durante el año. Esto también puede incluir premios o menciones especiales.
- **Objetivo**: Agradecer y motivar a los miembros y socios, resaltando la importancia de su participación para el éxito de la organización.
- **Contenido**:
  - Reconocimientos individuales o de grupo.
  - Menciones a socios estratégicos.

Ejemplo en el contexto agrícola: "Queremos agradecer especialmente al equipo de producción por su dedicación en la implementación de nuevas técnicas de cultivo, así como a nuestros socios comerciales por su apoyo continuo."

10. Conclusión y Llamado a la Acción

- **Descripción**: Finaliza el informe con un resumen optimista y un llamado a la acción para los miembros de la cooperativa. Puedes invitar a los miembros a participar activamente en los proyectos del próximo año y recordarles la importancia de su participación continua.
- **Objetivo**: Cerrar el informe de manera motivadora, invitando a la colaboración y al compromiso.
- **Contenido**:
  - Resumen de los logros y visión para el futuro.
  - Llamado a la participación activa de los miembros.

Ejemplo en el contexto agrícola: "Este año ha sido de grandes logros, pero el próximo promete ser aún más exitoso si trabajamos juntos. Invitamos a todos los miembros a participar activamente en las reuniones y proyectos planificados para el próximo año."

Resumen de la Estructura del Informe Anual

Sección	Descripción
Carta de Introducción	Mensaje del presidente o director que resuma los logros del año, los desafíos y las metas para el futuro.
Misión y Visión	Recordatorio de la misión y visión de la organización para reafirmar su enfoque estratégico.
Resumen Ejecutivo	Visión general del informe que incluya los logros clave, el estado financiero y los objetivos futuros, de manera concisa.
Logros Clave del Año	Detalle de los principales logros de la organización, incluyendo mejoras en producción, implementación de nuevas tecnologías, acuerdos comerciales, entre otros.
Estado Financiero	Informe financiero detallado con balance general, estado de resultados y flujo de caja, junto con comentarios sobre

	el rendimiento financiero del año.
Proyectos y Programas en Desarrollo	Descripción de los proyectos o programas que están en marcha y cómo impactarán el futuro de la organización.
Desafíos y Lecciones Aprendidas	Explicación de los principales desafíos enfrentados durante el año y las lecciones aprendidas para superar dichos retos.
Metas y Estrategias para el Próximo Año	Definición de los objetivos y estrategias para el siguiente año, incluyendo proyectos específicos, mejoras de producción o expansiones previstas.
Reconocimiento a Miembros y Socios	Reconocimientos a los miembros, empleados y socios que hayan hecho contribuciones significativas a la organización durante el año.
Conclusión y Llamado a la Acción	Cierre optimista con un llamado a la acción que motive a los miembros a participar activamente en los

	proyectos y objetivos del próximo año.

Consejos Adicionales para la Elaboración del Informe Anual

1. **Usa gráficos y tablas**: Incluir gráficos financieros, tablas de producción y otros elementos visuales puede ayudar a los lectores a comprender mejor la información clave sin tener que leer extensos párrafos de texto.

2. **Mantén un tono accesible**: El informe debe ser claro y accesible para todos los miembros de la cooperativa, sin importar su nivel de experiencia. Evita el uso excesivo de jerga técnica o financiera.

3. **Sé transparente**: Si bien es importante destacar los logros, no debes evitar hablar de los desafíos. La transparencia genera confianza entre los miembros y socios.

4. **Incluye testimonios o historias de éxito**: Para darle un toque más humano al informe, puedes incluir testimonios de los miembros o ejemplos de proyectos que hayan sido especialmente exitosos.

5. **Planifica la distribución**: Asegúrate de que el informe llegue a todos los miembros de la organización. Puede ser en formato impreso, digital o mediante plataformas en línea. También puedes presentarlo en una reunión general para discutir los puntos clave.

El informe anual bien estructurado es una herramienta poderosa para rendir cuentas, motivar a los miembros y planificar el futuro de la organización. Siguiendo esta estructura y recomendaciones, te asegurarás de que el informe no solo informe, sino que también inspire y fomente el compromiso de los miembros hacia el éxito continuo de la organización agrícola.

¿Cómo puedo resumir el estado financiero?

El esumir el estado financiero en un informe anual es crucial para proporcionar a los miembros de la organización una visión clara y comprensible de la situación económica sin abrumarlos con detalles técnicos o cifras extensas. El objetivo es presentar la información de manera que sea accesible y fácil de interpretar para todos los miembros, incluso aquellos que no tienen un conocimiento profundo de contabilidad o finanzas.

Aquí tienes una guía paso a paso para resumir el estado financiero de manera efectiva:

1. Destacar las Cifras Clave

Comienza el resumen destacando las cifras más importantes y representativas del año. Estos son los datos financieros esenciales que los miembros deben conocer para tener una visión general rápida del desempeño económico de la organización.

Cifras Clave a Incluir:

- **Ingresos totales**: Cantidad total de dinero generado por la organización durante el año.
- **Gastos totales**: Suma de todos los costos operativos, salarios, mantenimiento, etc.
- **Resultado neto**: Diferencia entre los ingresos y los gastos. Puede ser una ganancia (superávit) o una pérdida (déficit).
- **Activos**: Todo lo que posee la organización (propiedades, maquinaria, inventario, etc.).
- **Pasivos**: Todo lo que debe la organización (préstamos, deudas, cuentas por pagar).
- **Patrimonio neto**: La diferencia entre los activos y los pasivos, que representa el valor neto de la organización.

Ejemplo:

Este año, la cooperativa generó **$2,500,000 en ingresos totales**, mientras que los **gastos ascendieron a $2,100,000**, lo que resultó en un **superávit neto de $400,000**. Los **activos totales** de la cooperativa al final del año fueron de **$3,200,000**, mientras que los **pasivos** se redujeron a **$800,000**, mejorando el **patrimonio neto** a **$2,400,000**.

2. Explicar las Variaciones Importantes

En lugar de presentar solo las cifras, es útil proporcionar explicaciones sobre las principales variaciones en los ingresos, gastos o activos en comparación con el año anterior. Explicar qué factores influyeron en los cambios financieros brinda un contexto valioso.

Preguntas a responder:

- ¿A qué se debe el aumento o la disminución de los ingresos?
- ¿Por qué los gastos aumentaron o disminuyeron en ciertas áreas?
- ¿Qué inversiones o proyectos impactaron significativamente los resultados financieros?

- ¿Hubo mejoras en la gestión de deudas o activos?

Ejemplo:

Los ingresos aumentaron en un **10%** en comparación con el año pasado, impulsados por un nuevo acuerdo de exportación de café con un mercado europeo. Los gastos aumentaron en un **8%** debido a la inversión en maquinaria agrícola, que se espera que mejore la eficiencia en la producción a largo plazo.

3. Incluir un Gráfico o Tabla Resumida

Una manera eficaz de resumir el estado financiero es utilizando gráficos o **tablas** que visualicen los datos más relevantes. Los gráficos de barras o de pastel son útiles para comparar ingresos, gastos y resultados netos, mientras que las tablas pueden mostrar las variaciones respecto al año anterior.

Ejemplo de tabla resumida:

Concepto	2024	2023	Variación (%)
Ingresos Totales	$2,500,000	$2,270,000	+10%
Gastos Totales	$2,100,000	$1,945,000	+8%
Resultado Neto	$400,000	$325,000	+23%
Activos Totales	$3,200,000	$3,000,000	+7%
Pasivos Totales	$800,000	$900,000	-11%
Patrimonio Neto	$2,400,000	$2,100,000	+14%

4. Hacer Comparaciones Clave con Años Anteriores

Comparar los resultados financieros de este año con los de años anteriores puede ayudar a los miembros a visualizar el progreso y entender si la organización está mejorando o enfrentando dificultades. Estas comparaciones clave son útiles para poner en contexto los datos del estado financiero.

Ejemplo:

En comparación con el año anterior, el superávit de la cooperativa aumentó en un **23%**, gracias a una mejora en la eficiencia operativa y un aumento en las ventas internacionales. Los pasivos se redujeron en un **11%**, lo que ha mejorado significativamente la posición financiera de la organización.

5. Señalar los Logros Financieros Importantes

No solo es importante destacar las cifras, sino también resaltar los **logros financieros** clave, como la reducción de deudas, nuevas fuentes de ingresos, eficiencias en costos, o cualquier otro avance financiero importante que impacte positivamente a la organización.

Ejemplo:

Uno de los logros financieros más importantes este año fue la reducción de los pasivos en **$100,000**, lo que nos coloca en una posición más sólida para futuras inversiones. Además, logramos asegurar una nueva línea de crédito con tasas de interés más bajas, lo que ayudará a financiar nuestros proyectos de expansión.

6. Mencionar Proyectos de Inversión

Si la organización ha realizado inversiones importantes, como la compra de maquinaria, terrenos, o la implementación de nuevas tecnologías, es importante mencionarlas brevemente en el resumen financiero y señalar cómo estas inversiones impactarán los resultados futuros.

Ejemplo:

Este año, invertimos **$300,000 en la compra de maquinaria agrícola de última tecnología**, que se espera aumente la productividad en un **15%** y reduzca los costos operativos en los próximos cinco años.

7. Explicar el Plan Financiero Futuro

Termina el resumen financiero con una breve explicación de las estrategias o metas financieras para el próximo año. Esto puede incluir inversiones planeadas, esfuerzos para reducir costos, o expectativas de crecimiento en ingresos.

Ejemplo:

Para el próximo año, planeamos invertir en la expansión de nuestras instalaciones de almacenamiento, lo que nos permitirá aumentar la capacidad de producción y mejorar el manejo de inventarios. Además, trabajaremos en mejorar nuestra eficiencia operativa para reducir los costos de producción en un **5%**.

8. Resumir con un Enfoque en la Transparencia

Es importante que el resumen financiero transmita **transparencia** y **responsabilidad**. Si hubo dificultades, como una disminución en los ingresos o un aumento inesperado en los gastos, es recomendable explicarlo de manera clara y directa, destacando los planes para superar esos desafíos.

Ejemplo:

Aunque tuvimos un ligero aumento en los gastos operativos debido a factores externos, hemos tomado medidas para controlar los costos en el futuro. Nuestra estrategia de inversión a largo plazo sigue alineada con nuestros objetivos de crecimiento y sostenibilidad.

Ejemplo Completo de Resumen Financiero

Resumen Financiero 2024

Este año, la cooperativa generó ingresos totales de **$2,500,000**, lo que representa un aumento del **10%** en comparación con el año anterior, impulsado por un nuevo contrato de exportación de café. Los gastos operativos ascendieron a **$2,100,000**, un incremento del **8%**, debido a la compra de nueva maquinaria agrícola. El resultado neto fue un superávit de **$400,000**, lo que marca un aumento del **23%** respecto al año pasado. Además, los activos de la cooperativa crecieron a **$3,200,000**, mientras que los pasivos disminuyeron en **$100,000**, reduciendo nuestra deuda total a **$800,000**. Esto ha mejorado nuestro patrimonio neto, que ahora se sitúa en **$2,400,000**.

Entre los logros financieros más destacados se encuentra la reducción de los pasivos en un **11%**, lo que nos coloca en una mejor posición para afrontar nuevos proyectos. También aseguramos una línea de crédito con mejores condiciones, lo que facilitará futuras inversiones eninfraestructura. De cara al futuro, planeamos seguir invirtiendo en nuevas tecnologías para mejorar la eficiencia de la producción y optimizar los costos operativos, con el objetivo de reducir los gastos en un **5%** durante el próximo año.

El estado financiero de manera clara y concisa permite a los miembros de la organización entender la situación financiera sin perderse en detalles complejos. Un buen resumen debe destacar las cifras clave, explicar las variaciones importantes, señalar los logros y desafíos, e incluir una proyección de las metas financieras futuras. Además, utilizar gráficos o tablas ayuda a visualizar la información de manera más accesible y comprensible.

¿Cómo presento el estado finaciero gráficamente?

Presentar el estado financiero gráficamente es una excelente manera de hacer que la información sea más accesible y fácil de interpretar para los miembros de una organización. Los gráficos ayudan a visualizar las cifras clave, detectar tendencias y entender mejor la situación financiera de la cooperativa o asociación agrícola. A continuación, te detallo cómo presentar el estado financiero de manera gráfica utilizando diferentes tipos de gráficos y cuándo utilizarlos.

1. Gráfico de Barras para Comparar Ingresos y Gastos

El **gráfico de barras** es ideal para mostrar las comparaciones entre los ingresos y los gastos a lo largo del tiempo, por ejemplo, entre años o entre distintos periodos (mensuales o trimestrales). Esto ayuda a los miembros a ver claramente cómo evolucionan ambos componentes y si la organización está generando superávit o déficit.

Cómo hacerlo:

- Crea barras para los **ingresos** y **gastos** de cada periodo (año, trimestre, etc.).
- Usa colores diferentes para los ingresos y los gastos para que las comparaciones sean claras.

Ejemplo:

Ingresos vs Gastos por Año

Año	Ingresos ($)	Gastos ($)
2021	1,800,000	1,600,000
2022	2,000,000	1,850,000
2023	2,270,000	1,945,000
2024	2,500,000	2,100,000

Visualización:

- **Eje X**: Años.
- **Eje Y**: Monto en dólares.
- Barras para ingresos y gastos en cada año.

2. Gráfico Circular (Pie Chart) para la Distribución de Gastos

El **gráfico circular** es útil para mostrar la **distribución de los gastos** en diferentes categorías (por ejemplo, salarios, insumos, mantenimiento, tecnología, etc.). Este gráfico da una idea clara de qué porcentaje del gasto total se destina a cada área.

Cómo hacerlo:

- Divide los gastos en categorías (por ejemplo, insumos, maquinaria, salarios, mantenimiento).
- Representa cada categoría como un segmento del gráfico circular, mostrando el porcentaje de cada una sobre el total.

Ejemplo de categorías de gasto:

Distribución de   Gastos en 2024

Categoría	Gasto ($)	Porcentaje (%)
Insumos agrícolas	850,000	40%
Salarios	600,000	29%
Mantenimiento	300,000	14%
Tecnología	200,000	10%
Logística	150,000	7%

Visualización:

- El gráfico circular divide los segmentos por porcentaje, ayudando a los miembros a ver claramente en qué áreas se están gastando más recursos.

3. Gráfico de Líneas para Mostrar la Evolución del Patrimonio o Deuda

El **gráfico de líneas** es perfecto para mostrar **tendencias** a lo largo del tiempo, como la evolución del patrimonio neto, los activos, los pasivos o la deuda de la organización. Este gráfico permite ver claramente si la situación financiera está mejorando o empeorando.

Cómo hacerlo:

- Traza una línea para cada componente financiero que deseas seguir a lo largo del tiempo (patrimonio neto, deuda, activos, pasivos).
- Usa diferentes colores para cada línea.

Ejemplo:

Evolución del Patrimonio y Deuda

Año	Patrimonio ($)	Deuda ($)
2021	1,800,000	1,200,000
2022	2,100,000	1,000,000
2023	2,300,000	900,000
2024	2,400,000	800,000

Visualización:

- **Eje X**: Años.
- **Eje Y**: Monto en dólares.
- Líneas para **patrimonio** y **deuda** que muestran cómo han cambiado a lo largo del tiempo.

4. Tabla Resumida con Variaciones Anuales

Una **tabla resumida** es útil para hacer comparaciones de un vistazo entre varios años. Combina esta tabla con gráficos si deseas ofrecer tanto información visual como numérica. La tabla puede incluir variaciones porcentuales para mostrar claramente las tendencias.

Cómo hacerlo:

- Crea una tabla con los datos clave (ingresos, gastos, patrimonio, deuda, etc.) y muestra las variaciones en porcentaje entre los años.

Ejemplo:

Resumen Financiero con Variaciones Anuales

Concepto	2023 ($)	2024 ($)	Variación (%)
Ingresos	2,270,000	2,500,000	+10%
Gastos	1,945,000	2,100,000	+8%
Patrimonio	2,300,000	2,400,000	+4%
Deuda	900,000	800,000	-11%

5. Gráfico de Barras Apiladas para Mostrar Activos y Pasivos

Un gráfico de barras apiladas puede ser muy útil para mostrar la composición del balance de la organización (activos y pasivos). Con este gráfico, los miembros pueden ver cómo los activos y los pasivos contribuyen al patrimonio neto de la organización a lo largo del tiempo.

Cómo hacerlo:

- Crea barras apiladas donde los **activos** y **pasivos** se suman para formar el total.
- Esto permite ver de manera clara el crecimiento de los activos frente a la disminución de los pasivos.

Ejemplo:

Activos y Pasivos a lo largo de los años

Año	Activos ($)	Pasivos ($)	Patrimonio ($)
2021	3,000,000	1,200,000	1,800,000
2022	3,100,000	1,000,000	2,100,000
2023	3,200,000	900,000	2,300,000
2024	3,200,000	800,000	2,400,000

Visualización:

- **Eje X**: Años.
- **Eje Y**: Monto en dólares.

- Barras apiladas que muestran la composición de activos y pasivos y cómo contribuyen al patrimonio neto.

6. Gráfico de Columnas para Comparar Diferentes Categorías de Ingresos

Si la organización tiene múltiples fuentes de ingresos (por ejemplo, ventas, subsidios, donaciones, exportaciones), puedes usar un gráfico de columnas para mostrar las diferentes fuentes de ingresos y cómo han variado a lo largo del tiempo.

Cómo hacerlo:

- Crea una columna para cada fuente de ingreso (por ejemplo, ventas, exportaciones, subsidios) por año.
- Esto ayuda a visualizar qué fuentes están creciendo y cuáles pueden necesitar atención.

Ejemplo:

Ingresos por Categoría en 2024

Categoría	Ingreso ($)	Porcentaje (%)
Ventas Locales	1,200,000	48%
Exportaciones	900,000	36%
Subsidios	400,000	16%

Visualización:

- **Eje X**: Categorías de ingreso.
- **Eje Y**: Monto en dólares.
- Cada categoría de ingreso representada con una columna.

7. Gráfico de Áreas para Representar el Flujo de Caja

El **gráfico de áreas** es ideal para mostrar el **flujo de caja** mensual o trimestral a lo largo del año. Este tipo de gráfico muestra las entradas y salidas de dinero de manera acumulativa y es útil para ver los momentos en los que hay mayores entradas o salidas de efectivo.

Cómo hacerlo:

- Representa las **entradas de efectivo** y las **salidas de efectivo** como áreas diferentes en el gráfico.
- Esto te permitirá mostrar si hubo un excedente o déficit en el flujo de caja en cada periodo.

Ejemplo:

```
Flujo de Caja Trimestral en 2024
Trimestre    Entradas ($)    Salidas ($)    Flujo
Neto ($)
----------------------------------------------------------
-----
Q1           600,000         500,000        +100,000
Q2           650,000         700,000        -50,000
Q3           750,000         600,000        +150,000
Q4           500,000         550,000        -50,000
```

Visualización:

- **Eje X**: Trimestres del año.
- **Eje Y**: Monto en dólares.
- Áreas que representan las entradas y salidas de efectivo, con la diferencia entre ambas como flujo neto.

Consejos para Usar Gráficos en el Resumen Financiero

1. **Mantén los gráficos simples y claros**: Evita sobrecargar los gráficos con demasiada información o colores. La claridad es clave.
2. **Usa leyendas y etiquetas**: Asegúrate de que cada gráfico esté bien etiquetado y tenga leyendas para que los miembros puedan identificar fácilmente lo que están viendo.

Capítulo 6: Toma de Decisiones y Votaciones en el Sector Agrícola

En este capítulo, se explican los diferentes tipos de **decisiones** y **votaciones** que se realizan en las reuniones parlamentarias dentro del sector agrícola. Las cooperativas, asociaciones de agricultores y otras organizaciones relacionadas con la agricultura necesitan tomar decisiones estratégicas y operativas que afectan tanto a sus miembros como al futuro de la producción agrícola. El uso de un proceso claro y democrático para tomar decisiones es crucial para asegurar que todos los miembros participen y que los resultados sean representativos de la mayoría.

1. Tipos de Votaciones en Reuniones Agrícolas

Existen varios tipos de votaciones que se utilizan comúnmente en reuniones parlamentarias. La elección del tipo de votación depende de la naturaleza de la decisión que se debe tomar, la cantidad de personas involucradas y la importancia del asunto en cuestión. A continuación, se describen los principales tipos de votaciones y cuándo aplicarlos en una cooperativa agrícola.

1.1. Votación por Mayoría Simple

- **Descripción**: Es el método de votación más común, donde se requiere el **50% + 1 de los votos** para que una decisión sea aprobada. Este método se utiliza en decisiones de rutina o para asuntos operativos simples que no requieren consenso absoluto.
- **Uso Común**: Aprobación de presupuestos operativos, gastos menores, informes financieros.
- **Ejemplo**: En una reunión de una cooperativa agrícola, se propone destinar una pequeña cantidad de los fondos disponibles para la compra de fertilizantes adicionales. La decisión se toma con una votación por mayoría simple, ya que es una decisión rutinaria.

1.2. Votación por Mayoría Cualificada

- **Descripción**: En decisiones más importantes, como cambios en los estatutos, venta de activos importantes o la aprobación de inversiones significativas, puede requerirse una **mayoría cualificada** de dos tercios o tres cuartas partes de los votos para que una moción sea aprobada.

- **Uso Común**: Modificaciones de estatutos, decisiones sobre la venta de tierras o activos, elección de directivos de la cooperativa.
- **Ejemplo**: Si la cooperativa está considerando modificar sus estatutos para permitir la expansión de la membresía, se puede requerir una mayoría cualificada de dos tercios de los votos para aprobar este cambio.

1.3. Votación por Aclamación o Consentimiento Unánime

- **Descripción**: Este tipo de votación se utiliza cuando hay un consenso general y no hay oposición a la propuesta. Los miembros muestran su acuerdo mediante un **aplauso o una expresión vocal de apoyo**, y la moción se aprueba si nadie se opone.
- **Uso Común**: Aprobación del orden del día, aceptación de informes que no generen controversia, aprobación de pequeñas mociones.
- **Ejemplo**: En una reunión para aprobar el informe financiero del último trimestre, el presidente propone una votación por aclamación ya que no se espera oposición. Al no haber objeciones, la moción es aprobada rápidamente.

1.4. Votación Secreta

- **Descripción**: Este tipo de votación se utiliza cuando es importante proteger la privacidad de los votantes, especialmente en temas sensibles o cuando se eligen a personas para cargos de responsabilidad. Los miembros votan en secreto y los resultados se cuentan públicamente.
- **Uso Común**: Elecciones de directivos, votaciones sobre asuntos controversiales que podrían dividir a los miembros.
- **Ejemplo**: Durante una elección para elegir un nuevo presidente de la cooperativa, se realiza una votación secreta para asegurar que todos los miembros puedan votar sin presiones o influencias externas.

1.5. Votación Nominal

- **Descripción**: En la votación nominal, cada miembro pronuncia su voto de manera individual y estos se registran públicamente. Este método se utiliza cuando se quiere hacer visible quién está a favor o en contra de una moción, especialmente en temas de gran impacto.

- **Uso Común**: Decisiones políticas importantes dentro de la cooperativa, aprobación de proyectos grandes.
- **Ejemplo**: Si la cooperativa está votando sobre la adquisición de nuevas tierras, se puede optar por una votación nominal para registrar el voto de cada miembro de manera transparente.

2. Procesos para la Presentación y Discusión de Mociones

El proceso de **presentación de mociones** es fundamental en cualquier reunión parlamentaria, ya que organiza el debate y asegura que las decisiones se tomen de manera clara y ordenada. Aquí se describen los pasos clave para la presentación, debate y votación de mociones en una cooperativa agrícola.

2.1. Presentación de la Moción

- **Descripción**: Cualquier miembro puede presentar una moción para proponer una acción o decisión específica. La moción debe ser clara y concreta, y debe contar con el respaldo de otro miembro para ser discutida (secundada).

- **Ejemplo**: Un miembro de la cooperativa presenta una moción para adquirir un nuevo sistema de riego, detallando el costo, los beneficios y el impacto en la producción.

2.2. Debate y Discusión

- **Descripción**: Una vez que la moción ha sido secundada, el presidente abre el debate para que los miembros discutan la propuesta. Cada miembro tiene la oportunidad de expresar su opinión, respetando el tiempo de intervención asignado por el presidente.
- **Ejemplo**: Durante el debate sobre la adquisición del sistema de riego, algunos miembros expresan sus preocupaciones sobre el costo, mientras que otros apoyan la propuesta por los beneficios a largo plazo.

2.3. Modificación de la Moción

- **Descripción**: Si durante el debate se sugieren cambios o mejoras a la moción, el miembro que presentó la moción original puede aceptar una **moción enmienda** para modificarla antes de la votación final.

- **Ejemplo**: Un miembro propone modificar la moción original para incluir una investigación más detallada sobre las opciones de financiamiento del sistema de riego antes de tomar una decisión definitiva.

2.4. Votación de la Moción

- **Descripción**: Una vez que se ha discutido y modificado la moción si es necesario, el presidente somete la propuesta a votación. Dependiendo de la naturaleza de la moción, se selecciona el tipo de votación más adecuado (mayoría simple, votación secreta, etc.).
- **Ejemplo**: Después del debate y la modificación, el presidente somete a votación la moción para la compra del sistema de riego con la investigación financiera incluida.

3. Importancia del Quórum para la Toma de Decisiones

El **quórum** es el número mínimo de miembros que deben estar presentes en una reunión para que las decisiones tomadas sean válidas. Sin quórum, ninguna votación puede ser oficial y las decisiones tomadas en la reunión pueden ser impugnadas posteriormente.

3.1. Determinación del Quórum

- **Descripción**: Los estatutos de cada organización definen cuántos miembros constituyen el quórum, que generalmente es una proporción del total de los miembros. Esto garantiza que las decisiones reflejan la voluntad de una parte significativa de los miembros.

- **Ejemplo**: Los estatutos de una cooperativa agrícola podrían exigir que al menos el **50% de los miembros** estén presentes para que la reunión tenga quórum. Si no se alcanza ese número, la reunión no puede tomar decisiones vinculantes.

3.2. Soluciones en Caso de No Alcanzar el Quórum

- **Descripción**: Si no se alcanza el quórum al inicio de la reunión, el presidente puede proponer aplazar la reunión para una fecha futura o realizar una votación preliminar no vinculante hasta que se alcance el quórum en otra reunión.
- **Ejemplo**: Si solo el 40% de los miembros asisten a una reunión programada, el presidente puede convocar a una nueva reunión en 7 días, esperando una mayor asistencia para lograr quórum.

4. Consenso vs. Votación Formal

En algunas situaciones, es posible que las decisiones no requieran una votación formal, sino que se tomen por **consenso**. Esto suele suceder cuando todos los miembros están de acuerdo con la propuesta y no hay oposición significativa. Sin embargo, en otras situaciones, una **votación formal** es necesaria para asegurar la legitimidad de la decisión.

4.1. Cuando Usar el Consenso

- **Descripción**: El consenso se utiliza en decisiones que no generan controversia o en situaciones donde se busca la unidad en la toma de decisiones. Es un método más informal, pero efectivo cuando todos están de acuerdo.
- **Ejemplo**: Si todos los miembros están de acuerdo en cambiar el horario de las reuniones mensuales, el presidente puede optar por aprobarlo por consenso, sin necesidad de una votación formal.

4.2. Cuándo Requerir una Votación Formal

- **Descripción**: La votación formal es necesaria en decisiones que involucran aspectos legales, financieros o estructurales importantes para la organización. También se requiere cuando hay desacuerdo entre los miembros o cuando los estatutos lo exigen.

Capítulo 7: El Rol del Liderazgo en la Gobernanza Agrícola

El liderazgo juega un papel fundamental en las organizaciones agrícolas, ya sea en cooperativas, asociaciones de agricultores o juntas directivas. Los líderes no solo deben asegurarse de que las operaciones se desarrollen de manera eficiente, sino que también deben guiar a los miembros hacia el logro de los objetivos estratégicos de la organización. En este capítulo, exploraremos las características esenciales del liderazgo en el sector agrícola y cómo se puede ejercer un liderazgo efectivo dentro de un marco de gobernanza democrática.

Características del Liderazgo en la Gobernanza Agrícola

El liderazgo en el ámbito agrícola presenta características específicas, ya que combina la necesidad de conocimientos técnicos en agricultura con habilidades de gobernanza y toma de decisiones colectivas. Los líderes agrícolas deben ser capaces de representar adecuadamente a los agricultores y sus intereses, mantener la cohesión dentro de la organización y promover la innovación para asegurar el éxito a largo plazo.

Un aspecto fundamental es el conocimiento técnico y práctico que los líderes deben poseer. Es crucial que tengan un conocimiento sólido sobre las técnicas de producción agrícola, innovaciones tecnológicas y políticas agrarias, lo cual les permite tomar decisiones informadas en beneficio de toda la comunidad agrícola. Por ejemplo, un presidente de cooperativa que comprende las últimas tendencias en riego por goteo podría guiar a la organización hacia la adopción de estas tecnologías, mejorando la eficiencia en el uso del agua.

Otro componente esencial del liderazgo agrícola es la visión estratégica. Un buen líder no solo se centra en las operaciones diarias, sino que también debe tener una perspectiva a largo plazo que favorezca el crecimiento y la sostenibilidad de la organización. La capacidad de planificar con antelación y anticiparse a los desafíos futuros es clave. Por ejemplo, un líder con una visión estratégica puede dirigir a la cooperativa hacia la diversificación de cultivos, reduciendo la dependencia de un solo producto y mejorando la resiliencia frente a fluctuaciones del mercado.

La comunicación clara y transparente es igualmente vital, ya que los miembros de la organización deben estar informados y comprometidos con las decisiones que se toman. Los líderes deben ser capaces de explicar de manera comprensible las políticas, cambios y estrategias, fomentando la participación activa de los miembros. Por ejemplo, un líder que comunica de forma transparente los resultados financieros de la cooperativa y explica las decisiones de inversión generará mayor confianza entre los asociados.

La capacidad de escuchar y promover la participación de todos los miembros es esencial en un liderazgo agrícola efectivo. Es importante que los líderes fomenten la participación, escuchen las opiniones y necesidades de los miembros. En una cooperativa agrícola, donde los intereses pueden variar según el tamaño de las operaciones o los tipos de cultivos, es crucial que el liderazgo busque equilibrar y representar todos estos intereses. Por ejemplo, durante una reunión para decidir sobre la compra de insumos, un buen líder escucharía tanto a los pequeños agricultores que requieren apoyo financiero como a los grandes productores dispuestos a asumir más riesgos.

Este enfoque integral en el liderazgo agrícola permite enfrentar los desafíos del sector de manera efectiva, garantizando la sostenibilidad y el desarrollo continuo de la organización.

Estructura de Liderazgo en Cooperativas Agrícolas

Las cooperativas agrícolas cuentan con una estructura de liderazgo que generalmente incluye varios cargos fundamentales, tales como presidente, vicepresidente, secretario, tesorero y vocales, entre otros. Cada uno de estos roles tiene responsabilidades específicas que contribuyen al buen funcionamiento y a la gobernanza efectiva de la organización.

El **presidente** es el principal responsable de la dirección de la cooperativa, moderando las reuniones, implementando las decisiones de la asamblea general y asegurando que se cumplan los objetivos estratégicos. Entre sus funciones destacan la moderación de reuniones, la representación de la organización ante entidades externas y la dirección de la ejecución de políticas acordadas. Por ejemplo, en una reunión con inversores potenciales, el presidente podría explicar los beneficios de asociarse con la cooperativa y liderar las negociaciones en nombre de los miembros.

El **vicepresidente** asiste al presidente y asume sus funciones en caso de ausencia. Además, puede encargarse de supervisar áreas específicas o comités dentro de la cooperativa. Entre sus funciones están sustituir al presidente cuando sea necesario y supervisar operaciones en áreas clave. Un ejemplo de su función sería presidir una reunión para decidir sobre la expansión de las instalaciones de almacenamiento en ausencia del presidente.

El **secretario** tiene la responsabilidad de mantener los registros de la cooperativa, incluyendo las actas de las reuniones, y garantizar que los miembros reciban la información necesaria para participar activamente en la gobernanza. Sus funciones incluyen redactar y mantener las actas de las reuniones, distribuir las convocatorias y custodiar los documentos oficiales de la cooperativa. Por ejemplo, podría preparar las actas de una reunión en la que se discute un acuerdo comercial importante, asegurándose de que todos los miembros tengan acceso a la información.

El **tesorero** gestiona las finanzas de la cooperativa, asegurando la utilización eficiente y transparente de los recursos. Es responsable de preparar informes financieros y supervisar el presupuesto. Entre sus funciones están gestionar las cuentas, presentar informes financieros periódicos y supervisar el presupuesto general. Por ejemplo, el tesorero podría presentar un informe detallado sobre el uso de fondos obtenidos de una subvención gubernamental para la mejora de infraestructuras agrícolas.

Los **vocales** representan a diversos sectores de la cooperativa, como pequeños productores, jóvenes agricultores o áreas especializadas, garantizando que los intereses de todos los grupos estén representados en la toma de decisiones. Sus funciones incluyen participar en las discusiones y votaciones de la junta directiva y representar a los miembros. Un ejemplo sería un vocal que representa a pequeños productores defendiendo en una reunión la necesidad de proporcionar mayor apoyo financiero a los agricultores con menos recursos.

Esta estructura permite una gestión organizada y participativa, asegurando que la cooperativa funcione de manera eficiente y equitativa.

Desafíos del Liderazgo en Organizaciones Agrícolas

Los líderes de las cooperativas agrícolas enfrentan diversos desafíos que exigen habilidades específicas para superarlos, incluyendo la gestión eficiente de recursos limitados, el equilibrio de intereses diversos dentro de la organización, la capacidad de adaptación a los cambios en el mercado y el clima, y la adopción de nuevas tecnologías.

En cuanto a la **gestión de recursos limitados**, los líderes deben manejar con eficacia los recursos financieros, humanos y materiales disponibles, ya que las cooperativas agrícolas a menudo operan con presupuestos restringidos, lo que demanda una planificación cuidadosa. Por ejemplo, un líder puede tener que decidir cómo distribuir los recursos entre la compra de insumos, la inversión en maquinaria y la capacitación de los miembros de la cooperativa.

El **equilibrio de intereses diversos**, los líderes deben considerar las necesidades de los distintos miembros de la cooperativa, como pequeños y grandes productores, y asegurarse de que las decisiones sean beneficiosas para todos. Un ejemplo de esto sería la discusión sobre el precio de venta de los productos, donde los líderes deben equilibrar las expectativas de los pequeños productores que buscan precios justos con las de los grandes productores que desean mantener la competitividad en el mercado.

La **adaptación a los cambios en el mercado** es otro desafío clave, ya que el mercado agrícola es volátil y los líderes deben estar preparados para responder a variaciones en los precios de los productos, cambios en las regulaciones gubernamentales y fluctuaciones en la demanda del consumidor. Por ejemplo, si el precio del café baja en el mercado internacional, un líder de cooperativa podría buscar nuevos mercados locales y explorar la diversificación de productos para minimizar el impacto.

La **innovación y tecnología** son esenciales para mejorar la producción agrícola, aunque puede resultar difícil convencer a todos los miembros de la cooperativa de invertir en nuevas tecnologías. Un líder podría promover el uso de drones para monitorear cultivos y optimizar el uso de fertilizantes, destacando cómo esta inversión podría aumentar la productividad a largo plazo.

Formación y Desarrollo de Liderazgo en Organizaciones Agrícolas

Para que las organizaciones agrícolas prosperen, es esencial que sus líderes reciban formación continua y desarrollen habilidades en gestión, liderazgo y comunicación. Los programas de capacitación para líderes agrícolas abarcan temas como gobernanza, finanzas, negociación y comunicación efectiva. Esto les permite no solo mejorar sus habilidades técnicas, sino también fortalecer su capacidad para guiar a la organización de manera estratégica. Por ejemplo, un programa de capacitación en liderazgo agrícola puede enseñar a los miembros de la junta directiva a tomar decisiones estratégicas en un entorno competitivo y en constante evolución.

La mentoría es otra herramienta clave, en la que los líderes actuales ayudan a formar a los futuros líderes de la cooperativa. Los líderes experimentados comparten sus conocimientos y experiencias con miembros más jóvenes o recién integrados en la organización, lo que contribuye al desarrollo de sus habilidades de liderazgo. Esta práctica asegura la continuidad del liderazgo y garantiza que los futuros dirigentes estén bien preparados para enfrentar los desafíos del sector agrícola. Por ejemplo, un presidente experimentado podría mentorear a un joven agricultor que ha mostrado interés en asumir responsabilidades en la junta directiva, enseñándole sobre la gobernanza y el proceso de toma de decisiones en la cooperativa.

Además, el fomento de la participación juvenil es fundamental para asegurar la sostenibilidad de las cooperativas y asociaciones agrícolas. Atraer y formar a jóvenes agricultores para que asuman roles de liderazgo garantiza la renovación generacional y promueve la adopción de tecnologías nuevas y enfoques sostenibles en la agricultura. Un ejemplo de esto sería una cooperativa que crea un programa de liderazgo juvenil en el que los jóvenes son capacitados en habilidades de gestión, tecnología agrícola y gobernanza, preparándolos para ocupar futuros cargos en la junta directiva.

Estas estrategias de formación y desarrollo son cruciales para dotar a los líderes agrícolas de las herramientas necesarias para guiar eficazmente a sus organizaciones y enfrentar los desafíos del sector.

Liderazgo Colaborativo y Gobernanza Democrática

El liderazgo colaborativo es fundamental en las cooperativas agrícolas, ya que estas organizaciones se sustentan en principios democráticos en los que cada miembro tiene voz y voto. Un líder eficaz debe fomentar una cultura de colaboración y participación activa, asegurándose de que todas las decisiones importantes sean discutidas y acordadas colectivamente. En una cooperativa agrícola, la toma de decisiones se lleva a cabo de manera democrática, lo que implica que cada miembro tiene derecho a participar en el proceso. El líder debe facilitar este proceso garantizando que todas las voces sean escuchadas y que las decisiones reflejen la voluntad de la mayoría. Este enfoque asegura la transparencia y la equidad, además de fomentar la participación activa de todos los miembros. Por ejemplo, durante una reunión para aprobar un proyecto de expansión de cultivos, el líder organiza la discusión y se asegura de que todos los miembros, desde pequeños agricultores hasta grandes productores, tengan la oportunidad de expresar sus opiniones antes de la votación.

El liderazgo colaborativo también promueve el trabajo en equipo dentro de la cooperativa, fomentando una cultura de apoyo mutuo entre los miembros. El líder debe facilitar el intercambio de ideas y la cooperación entre los agricultores, identificando oportunidades para mejorar las operaciones y la producción. Promover el trabajo en equipo no solo mejora la eficiencia operativa, sino que también refuerza la cohesión dentro de la organización, permitiendo a los miembros aprender unos de otros y compartir mejores prácticas. Por ejemplo, el líder de la cooperativa puede organizar grupos de trabajo que reúnan a agricultores experimentados y nuevos para que compartan sus conocimientos sobre técnicas agrícolas innovadoras, forteleciendo así la comunidad y mejorando las capacidades de la organización.

Este enfoque colaborativo asegura que las decisiones sean equitativas y que la cooperativa prospere con el esfuerzo conjunto de todos sus miembros.

Adaptación del Liderazgo a los Cambios del Sector Agrícola

El entorno agrícola está en constante cambio debido a factores como la variabilidad climática, las fluctuaciones del mercado y la innovación tecnológica. Por esta razón, los líderes agrícolas deben ser flexibles y adaptables para guiar a sus organizaciones a través de estas transformaciones. La proactividad y la capacidad de ajustar las estrategias en función de las circunstancias son esenciales para un liderazgo exitoso.

En tiempos de crisis, como desastres naturales, caídas abruptas en los precios de los productos o problemas de infraestructura, el liderazgo debe actuar rápidamente para mitigar los daños. Los líderes deben estar preparados para tomar decisiones difíciles y guiar a la cooperativa en medio de la incertidumbre, lo que es fundamental para mantener la estabilidad y evitar que los problemas a corto plazo se conviertan en amenazas a largo plazo. Por ejemplo, tras una temporada de sequía severa, un líder proactivo podría organizar una estrategia de contingencia que incluya la implementación de nuevas técnicas de riego y la búsqueda de subvenciones para apoyar a los agricultores afectados.

La adaptación a nuevas tecnologías y prácticas agrícolas es otro aspecto crítico para los líderes del sector. Estos deben estar al tanto de las innovaciones que puedan mejorar la eficiencia y la sostenibilidad de la producción, desde la adopción de maquinaria moderna hasta el uso de técnicas de agricultura de precisión y sistemas de energía renovable. La implementación de estas prácticas puede aumentar la productividad, reducir los costos operativos y mejorar la sostenibilidad ambiental de la cooperativa. Un ejemplo sería un líder que, reconociendo la importancia de la sostenibilidad, promueve la instalación de paneles solares en la cooperativa para reducir los costos de energía y fomentar el uso de energías renovables.

Ser un líder agrícola adaptable significa estar preparado para enfrentar los desafíos que surgen y aprovechar las oportunidades para fortalecer la organización, garantizando así su resiliencia y éxito a largo plazo.

Evaluación del Desempeño del Liderazgo

Evaluar regularmente el desempeño del liderazgo es fundamental para asegurar que los líderes estén cumpliendo con sus responsabilidades de manera efectiva y que estén alineados con los objetivos de la organización. Esta evaluación puede ser realizada por los propios miembros de la cooperativa a través de encuestas, o por auditorías externas si es necesario.

7.1. Retroalimentación de los Miembros

- **Descripción**: Es importante que los líderes reciban retroalimentación de los miembros de la cooperativa sobre su desempeño. Esto puede hacerse mediante encuestas o reuniones donde los miembros compartan sus opiniones sobre la efectividad del liderazgo.
- **Beneficio**: La retroalimentación permite a los líderes identificar áreas de mejora y ajustar sus estrategias para alinearse mejor con las necesidades de los miembros.

- **Ejemplo**: Al final del año, la cooperativa organiza una reunión de evaluación en la que los miembros pueden compartir sus opiniones sobre la gestión del presidente y hacer sugerencias para mejorar la toma de decisiones.

7.2. Indicadores de Desempeño

- **Descripción**: Además de la retroalimentación, se pueden establecer **indicadores de desempeño** que midan la efectividad del liderazgo en áreas clave como la gestión financiera, el logro de metas estratégicas y la satisfacción de los miembros.
- **Beneficio**: Los indicadores de desempeño proporcionan una evaluación objetiva del liderazgo y ayudan a garantizar que la cooperativa esté avanzando en la dirección correcta.
- **Ejemplo**: La cooperativa utiliza indicadores como el crecimiento de la producción, la reducción de costos operativos y la participación activa de los miembros en las reuniones para evaluar el éxito del liderazgo durante el año.

El liderazgo es un elemento clave en el éxito de cualquier organización agrícola. Los líderes deben poseer una combinación de conocimientos técnicos, habilidades de comunicación y capacidad para guiar a los miembros de manera democrática. Además, deben estar preparados para enfrentar los desafíos únicos del sector agrícola, como la gestión de recursos limitados, la adaptación a nuevas tecnologías y la navegación de cambios en el mercado.

El liderazgo colaborativo, la participación activa de los miembros y la adopción de enfoques innovadores son esenciales para garantizar la sostenibilidad y el crecimiento de las cooperativas agrícolas. Este capítulo subraya la importancia de que los líderes se mantengan flexibles, resilientes y abiertos al aprendizaje continuo para poder enfrentar con éxito las oportunidades y desafíos que se presenten.

¿Cómo se implementa un liderazgo colaborativo?

El liderazgo colaborativo es un estilo de liderazgo que promueve la participación activa y la colaboración de todos los miembros de una organización para alcanzar metas comunes. En el contexto de una cooperativa agrícola o cualquier organización relacionada con la agricultura, este enfoque es esencial para integrar las perspectivas de todos los agricultores, fomentar un ambiente de trabajo en equipo, y asegurar que las decisiones sean inclusivas y reflejen las necesidades colectivas. A continuación, te explico cómo se puede implementar un liderazgo colaborativo en el sector agrícola, junto con las herramientas y prácticas necesarias para garantizar su éxito.

1. Fomentar la Participación Activa de los Miembros

El liderazgo colaborativo se basa en la idea de que **todos los miembros tienen voz y voto** en la toma de decisiones. Fomentar la participación activa significa crear un entorno donde los miembros se sientan motivados y seguros para compartir sus ideas, sugerencias y preocupaciones.

Cómo Implementarlo:

- **Reuniones participativas**: Durante las reuniones de la cooperativa, asegúrate de que todos los miembros tengan la oportunidad de expresar sus opiniones y participar en las discusiones. Puedes implementar métodos como el uso de turnos de palabra o pedir explícitamente la opinión de aquellos que suelen intervenir menos.

- **Espacios abiertos para la discusión**: Crea espacios, ya sea presenciales o virtuales, donde los miembros puedan discutir los asuntos de la cooperativa fuera de las reuniones formales. Un foro de discusión en línea o reuniones informales son ejemplos de plataformas que pueden fomentar la participación.

- **Encuestas periódicas**: Utiliza encuestas o cuestionarios para recopilar las opiniones y sugerencias de los miembros sobre temas clave, como nuevas inversiones o cambios operativos. Esto permite que incluso aquellos que no suelen hablar en las reuniones puedan expresar sus ideas.

Ejemplo:

En una cooperativa agrícola, el presidente organiza reuniones mensuales donde cada miembro tiene cinco minutos para compartir ideas o propuestas. Además, se distribuyen encuestas trimestrales para recoger las opiniones de los miembros que no puedan asistir físicamente a las reuniones.

2. Tomar Decisiones de Forma Democrática

Un elemento esencial del liderazgo colaborativo es la **toma de decisiones democrática**, en la que las resoluciones se basan en el consenso o en votaciones transparentes que involucren a todos los miembros. El líder actúa como facilitador, asegurando que el proceso sea justo y que todas las voces sean consideradas antes de tomar una decisión.

Cómo Implementarlo:

- **Proceso de consenso**: Cuando sea posible, busca alcanzar un consenso entre los miembros. Esto implica escuchar todas las opiniones y trabajar en la resolución de las diferencias para que la mayoría esté de acuerdo con la decisión.

- **Votaciones equitativas**: Asegúrate de que las votaciones sean claras y transparentes, y que cada miembro tenga el mismo poder de voto. Puedes usar métodos como la votación secreta o la votación nominal, dependiendo de la sensibilidad del tema.
- **Mociones y enmiendas**: Permite que los miembros presenten mociones y sugieran enmiendas durante las reuniones, fomentando la co-creación de decisiones en lugar de imponer resoluciones unilaterales.

Ejemplo:

Durante una reunión para decidir sobre una inversión en nueva maquinaria, el líder facilita el proceso de discusión. Después de que los miembros presentan sus puntos de vista y sugerencias de enmienda, se realiza una votación democrática en la que todos los miembros participan, asegurando que la decisión refleje la voluntad de la mayoría.

3. Crear Equipos de Trabajo Colaborativos

El liderazgo colaborativo requiere que los miembros trabajen juntos para resolver problemas y lograr los objetivos de la organización. Formar **equipos de trabajo** es una excelente manera de delegar responsabilidades y permitir que diferentes grupos dentro de la cooperativa asuman el liderazgo en áreas específicas.

Cómo Implementarlo:

- **Delegar responsabilidades**: Forma comités o equipos de trabajo con miembros que tengan experiencia o interés en áreas específicas (por ejemplo, equipo de finanzas, equipo de producción, equipo de marketing). Esto permite que diferentes personas lideren proyectos bajo la supervisión del liderazgo central.
- **Establecer metas comunes**: Los equipos deben tener metas claras y comunes que estén alineadas con los objetivos generales de la cooperativa. El líder debe supervisar y guiar, pero también dar autonomía a los equipos para que propongan soluciones y ejecuten proyectos.

- **Revisiones regulares**: Organiza reuniones periódicas para que los equipos de trabajo presenten sus avances al resto de los miembros, permitiendo que se compartan ideas y se ajusten estrategias si es necesario.

Ejemplo:

Un líder en una cooperativa agrícola crea tres equipos de trabajo: uno para investigar nuevas tecnologías de producción, otro para buscar mercados de exportación, y un tercero para gestionar el presupuesto. Cada equipo tiene un líder y trabaja de manera autónoma, pero presenta sus avances en las reuniones mensuales de la cooperativa.

4. Fomentar la Transparencia y la Comunicación Abierta

La **transparencia** es clave para el éxito del liderazgo colaborativo. Cuando todos los miembros tienen acceso a la información y entienden cómo se toman las decisiones, es más probable que se sientan parte del proceso y que confíen en el liderazgo.

Cómo Implementarlo:

- **Compartir información financiera y operativa**: Proporciona informes regulares sobre el estado financiero, los avances de los proyectos, y cualquier otra información clave que los miembros necesiten para estar informados sobre el estado de la cooperativa.
- **Mantener canales de comunicación abiertos**: Además de las reuniones formales, es importante contar con canales de comunicación donde los miembros puedan hacer preguntas, compartir inquietudes o proponer nuevas ideas. Esto puede incluir el uso de correos electrónicos, grupos de mensajería o incluso un foro en línea para la cooperativa.
- **Actualizaciones frecuentes**: Los líderes deben mantener a los miembros actualizados sobre los desarrollos importantes, como acuerdos comerciales, subvenciones obtenidas, o desafíos que enfrenta la cooperativa.

Ejemplo:

El líder de la cooperativa envía informes financieros trimestrales a todos los miembros y mantiene un grupo de WhatsApp donde los agricultores pueden hacer preguntas y compartir ideas entre reuniones. Además, organiza un boletín mensual con las actualizaciones clave.

5. Promover la Capacitación y el Desarrollo de Habilidades

El liderazgo colaborativo también implica empoderar a los miembros a través de la **capacitación** y el **desarrollo de habilidades**. Esto no solo aumenta la competencia general dentro de la cooperativa, sino que también ayuda a los miembros a asumir roles de liderazgo en áreas específicas.

Cómo Implementarlo:

- **Programas de capacitación regulares**: Organiza talleres y capacitaciones en áreas clave como finanzas, producción agrícola, marketing y liderazgo. Estas capacitaciones deben estar alineadas con las necesidades específicas de la cooperativa.

- **Mentoría**: Fomenta la mentoría entre los miembros más experimentados y los nuevos o jóvenes agricultores. El intercambio de conocimientos y la experiencia ayuda a desarrollar una nueva generación de líderes.
- **Asignación de roles progresivos**: A medida que los miembros desarrollen sus habilidades, asígnales responsabilidades más grandes y relevantes. Esto permite que los miembros adquieran experiencia en liderazgo de manera gradual.

Ejemplo:

Una cooperativa agrícola organiza talleres sobre técnicas de comercialización para ayudar a sus miembros a vender mejor sus productos. Al mismo tiempo, los miembros más experimentados participan en un programa de mentoría donde enseñan a los agricultores más jóvenes sobre técnicas avanzadas de cultivo.

6. Reconocer y Celebrar el Éxito Colectivo

El liderazgo colaborativo se fortalece cuando se reconoce el **esfuerzo y el éxito colectivo**. Celebrar los logros de los equipos y los miembros no solo refuerza la moral, sino que también motiva a todos a seguir trabajando en equipo.

Cómo Implementarlo:

- **Reconocimiento público**: Reconoce públicamente a los miembros y equipos que han contribuido significativamente al éxito de la cooperativa. Puedes hacer esto durante las reuniones generales, mediante boletines o en plataformas en línea.
- **Premios y recompensas**: Considera la creación de premios o recompensas para los miembros que se destacan en áreas clave, como la innovación en la producción, la eficiencia en la gestión financiera, o la cooperación entre los equipos.
- **Celebraciones de hitos importantes**: Celebra los hitos importantes de la cooperativa, como la firma de un contrato importante, el aumento de la producción o la obtención de una subvención. Estas celebraciones pueden ser formales o

informales, pero deben reforzar el sentimiento de logro colectivo.

Ejemplo:

Después de un año exitoso en el que la cooperativa ha aumentado su producción en un 20%, el líder organiza una cena de celebración para todos los miembros. Durante la cena, se otorgan reconocimientos a los equipos que lideraron los proyectos clave.

Implementar un **liderazgo colaborativo** en una cooperativa agrícola requiere compromiso, apertura y una visión clara para el éxito colectivo. Este estilo de liderazgo no solo distribuye las responsabilidades de manera más equitativa, sino que también fomenta un ambiente de confianza, participación y empoderamiento para todos los miembros. Cuando se hace correctamente, el liderazgo colaborativo fortalece la cohesión de la organización, mejora la toma de decisiones y garantiza un futuro sostenible para la cooperativa.

¿Cuáles son los obstáculos más comunes?

Implementar un **liderazgo colaborativo** en una organización agrícola, como una cooperativa o asociación de productores, puede enfrentar varios **obstáculos comunes** que complican su éxito. Estos desafíos pueden afectar la participación de los miembros, la toma de decisiones y el flujo de información, lo que dificulta el trabajo en equipo y la colaboración efectiva. A continuación, te presento los principales obstáculos que pueden surgir y cómo pueden abordarse para garantizar una implementación exitosa del liderazgo colaborativo.

1. Falta de Participación Activa de los Miembros

Uno de los obstáculos más comunes en un liderazgo colaborativo es que algunos miembros de la organización no participen activamente en el proceso de toma de decisiones o en las actividades de la cooperativa. Esto puede deberse a la falta de interés, tiempo limitado o la percepción de que sus opiniones no son valoradas.

Causas:

- **Desinterés o apatía**: Algunos miembros pueden sentir que sus contribuciones no harán una diferencia o que el liderazgo tomará las decisiones sin tener en cuenta sus opiniones.
- **Falta de tiempo**: Los agricultores, especialmente los pequeños productores, a menudo tienen horarios muy ocupados y pueden no tener tiempo para asistir a reuniones o participar activamente en los equipos de trabajo.
- **Inseguridad o falta de confianza**: Los miembros menos experimentados pueden sentirse inseguros para participar activamente en debates o decisiones importantes.

Cómo Superarlo:

- **Fomentar la inclusión**: Los líderes deben asegurarse de que todos los miembros se sientan incluidos y valorados, reconociendo públicamente las contribuciones de cada uno.
- **Flexibilidad en reuniones y actividades**: Organizar reuniones en horarios que sean convenientes para la mayoría de los

miembros o usar plataformas digitales para permitir la participación remota.

- **Capacitación y mentoría**: Brindar a los miembros menos experimentados la oportunidad de aprender a través de mentorías y capacitaciones para que se sientan más seguros al participar.

2. Conflictos de Intereses y Desacuerdos entre Miembros

En una organización agrícola, los miembros pueden tener intereses diversos (por ejemplo, grandes productores frente a pequeños productores) o visiones diferentes sobre el rumbo que debe tomar la cooperativa. Esto puede generar conflictos y desacuerdos que obstaculizan el proceso colaborativo.

Causas:

- **Intereses contradictorios**: Las diferentes prioridades entre los miembros pueden generar divisiones, especialmente cuando se discuten temas relacionados con la distribución de recursos o los beneficios.

- **Falta de consenso**: Los desacuerdos sobre decisiones clave pueden detener el progreso de los proyectos o las iniciativas, dificultando la toma de decisiones.

Cómo Superarlo:

- **Facilitación del diálogo**: El líder debe actuar como mediador en los conflictos, asegurándose de que todas las partes sean escuchadas y buscando puntos de acuerdo comunes.
- **Procesos de toma de decisiones claros**: Implementar un sistema de votación justo y transparente para resolver los desacuerdos cuando no se pueda alcanzar un consenso.
- **Promover el interés colectivo**: Recordar a los miembros el propósito común de la cooperativa y cómo las decisiones deben beneficiar a toda la comunidad.

3. Comunicación Inadecuada o Ineficiente

Una **comunicación deficiente** entre los miembros o entre los líderes y la base de la cooperativa puede ser un gran obstáculo para la colaboración. La falta de información clara o la falta de canales adecuados para expresar opiniones puede generar malentendidos y desconfianza.

Causas:

- **Información insuficiente o no oportuna**: Si los miembros no reciben la información relevante o la reciben con retraso, no pueden participar plenamente en las decisiones.
- **Falta de transparencia**: La percepción de que el liderazgo no es transparente en la toma de decisiones puede generar desconfianza entre los miembros.
- **Mala organización de los canales de comunicación**: La falta de un canal centralizado o eficiente para la comunicación puede dificultar el intercambio de información entre los miembros.

Cómo Superarlo:

- **Mejorar la transparencia**: Los líderes deben ser abiertos y compartir toda la información importante sobre las decisiones, finanzas y operaciones de la cooperativa.
- **Establecer canales claros de comunicación**: Crear canales accesibles para todos, como correos electrónicos, grupos de mensajería o reuniones regulares donde los miembros puedan discutir y compartir información.
- **Implementar actualizaciones frecuentes**: Enviar informes periódicos a los miembros sobre el estado de los proyectos y las decisiones que se están tomando.

4. Resistencia al Cambio

Algunos miembros pueden resistirse a la implementación de un liderazgo colaborativo, especialmente si están acostumbrados a un liderazgo más jerárquico o si no comprenden los beneficios de la colaboración. Esta resistencia puede frenar la adopción de nuevas estrategias o tecnologías en la organización.

Causas:

- **Apego a estructuras tradicionales**: En organizaciones que históricamente han sido lideradas por unos pocos individuos, puede haber resistencia a cambiar a un modelo más participativo.
- **Desconfianza hacia nuevas prácticas**: La falta de comprensión de los beneficios del liderazgo colaborativo o el temor al cambio puede hacer que algunos miembros duden de su eficacia.

Cómo Superarlo:

- **Demostrar los beneficios**: Mostrar ejemplos concretos de cómo el liderazgo colaborativo ha mejorado la toma de decisiones y ha generado mejores resultados para la cooperativa.
- **Capacitación en liderazgo colaborativo**: Ofrecer sesiones de formación sobre cómo funciona el liderazgo colaborativo y cómo puede beneficiar tanto a la organización como a los individuos.

- **Implementación gradual**: Introducir cambios de forma gradual para que los miembros se adapten al nuevo enfoque sin sentir que sus roles o aportes se ven amenazados.

5. Falta de Capacitación en Habilidades de Liderazgo

Para que un liderazgo colaborativo funcione, es importante que todos los miembros tengan habilidades básicas de liderazgo, como la capacidad para tomar decisiones, resolver conflictos y comunicarse eficazmente. La falta de estas habilidades puede hacer que algunos miembros no se sientan cómodos con su participación en la gobernanza.

Causas:

- **Falta de oportunidades de capacitación**: Si los miembros no han recibido la formación adecuada, pueden no estar preparados para asumir responsabilidades de liderazgo o participación activa.

- **Desigualdad en la experiencia**: En una cooperativa agrícola, algunos miembros pueden tener más experiencia en liderazgo que otros, lo que puede crear desequilibrios en la participación.

Cómo Superarlo:

- **Programas de desarrollo de liderazgo**: Implementar programas de capacitación que ayuden a los miembros a desarrollar habilidades clave como la resolución de problemas, la gestión del tiempo y la toma de decisiones colaborativa.
- **Mentoría entre miembros**: Establecer un sistema de mentoría en el que los miembros con más experiencia puedan guiar y apoyar a los nuevos o menos experimentados.
- **Rotación de roles**: Permitir que diferentes miembros asuman roles de liderazgo en comités o equipos de trabajo, lo que les permitirá ganar experiencia en la toma de decisiones y el liderazgo.

6. Falta de Tiempo y Recursos

El **tiempo** y los **recursos limitados** son un desafío constante para muchas organizaciones agrícolas. Implementar un modelo de liderazgo colaborativo, que requiere reuniones frecuentes, discusiones abiertas y la participación activa de los miembros, puede ser difícil cuando los miembros ya tienen responsabilidades agrícolas diarias.

Causas:

- **Sobrecarga de trabajo**: Los agricultores, especialmente los pequeños productores, suelen tener días ocupados y pueden no disponer de tiempo para participar en reuniones y actividades colaborativas.
- **Escasez de recursos financieros**: La falta de fondos para organizar actividades o implementar tecnologías que faciliten el liderazgo colaborativo puede ser un obstáculo.

Cómo Superarlo:

- **Optimización del tiempo**: Programar reuniones en horarios convenientes y asegurarse de que sean eficientes, con una agenda clara y tiempos asignados a cada tema. Considerar el uso de herramientas virtuales para facilitar la participación remota.
- **Priorización de recursos**: Asegurar que los recursos disponibles se utilicen de manera eficiente y que se busquen subvenciones o apoyos externos que permitan implementar herramientas tecnológicas o programas de capacitación.
- **Delegación de tareas**: Distribuir responsabilidades entre los miembros para que las tareas se compartan, en lugar de recaer sobre unos pocos.

Implementar un liderazgo colaborativo puede enfrentar varios **obstáculos comunes**, como la falta de participación, los conflictos de intereses, la comunicación ineficiente o la resistencia al cambio. Sin embargo, con estrategias adecuadas como la mejora de la transparencia, la facilitación del diálogo y la capacitación en habilidades de liderazgo, estos desafíos pueden superarse. El liderazgo colaborativo, cuando se implementa correctamente, crea una organización más inclusiva, participativa y capaz de afrontar los desafíos del sector agrícola de manera más efectiva.

¿Cuáles son los beneficios de la mentoría agrícola?

La **mentoría agrícola** es un proceso en el cual agricultores con más experiencia (mentores) ofrecen orientación, conocimiento y apoyo a agricultores menos experimentados o nuevos en el sector. Este tipo de relación tiene numerosos beneficios tanto para los mentores como para los aprendices (mentees), y contribuye significativamente al desarrollo personal, técnico y profesional dentro del sector agrícola. A continuación, se detallan los principales beneficios de la mentoría agrícola.

1. Transferencia de Conocimiento y Experiencia

Uno de los beneficios más importantes de la mentoría agrícola es la **transferencia directa de conocimientos** entre generaciones de agricultores. Los mentores pueden compartir sus experiencias acumuladas a lo largo de años en el campo, permitiendo que los aprendices eviten errores comunes y adopten mejores prácticas agrícolas más rápidamente.

Beneficios específicos:

- **Mejora de habilidades prácticas**: Los mentores pueden enseñar técnicas agrícolas específicas, como el manejo de maquinaria, el uso eficiente de fertilizantes y pesticidas, o las técnicas de irrigación que han sido probadas y optimizadas a lo largo del tiempo.
- **Acceso a conocimientos locales**: Los mentores que han trabajado en una región específica entienden las condiciones climáticas, del suelo y las dinámicas del mercado local, y pueden ofrecer consejos prácticos adaptados a esas circunstancias.

Ejemplo:

Un agricultor experimentado enseña a un joven productor cómo identificar las señales tempranas de plagas en los cultivos de café y qué medidas tomar para minimizar el impacto, basándose en su conocimiento sobre los ciclos de plagas en la región.

2. Reducción de la Curva de Aprendizaje

Los nuevos agricultores enfrentan una **curva de aprendizaje empinada** cuando ingresan al sector. La mentoría les permite acortar este periodo de aprendizaje, ya que pueden beneficiarse directamente del conocimiento del mentor en lugar de tener que aprender mediante prueba y error.

Beneficios específicos:

- **Aceleración del éxito**: Los aprendices pueden alcanzar niveles de producción más altos en menos tiempo, gracias a la orientación experta.
- **Reducción de errores costosos**: Al recibir consejos prácticos y ejemplos reales, los nuevos agricultores pueden evitar errores comunes que pueden resultar costosos o que podrían comprometer sus cultivos o ingresos.

Ejemplo:

Un joven agricultor que acaba de empezar su primera temporada recibe orientación de un mentor sobre la rotación de cultivos y la gestión del suelo, evitando una disminución en la calidad del suelo que hubiera afectado su producción a largo plazo.

3. Fomento de la Innovación y la Adaptación a Nuevas Tecnologías

Si bien la mentoría agrícola tradicionalmente ha sido una forma de transmitir conocimientos prácticos, también puede ser una herramienta poderosa para **fomentar la innovación**. Los mentores pueden aprender de los jóvenes agricultores sobre nuevas tecnologías o técnicas emergentes, creando una relación bidireccional de aprendizaje.

Beneficios específicos:

- **Actualización tecnológica**: Los mentores pueden mantenerse al día con las nuevas tecnologías o enfoques, mientras que los aprendices adquieren conocimientos tradicionales y prácticos.
- **Innovación en el manejo de cultivos**: La combinación de conocimientos tradicionales y nuevas tecnologías, como la agricultura de precisión o el uso de drones, puede mejorar la eficiencia en la producción agrícola.

Ejemplo:

Un agricultor joven enseña a su mentor cómo usar un software de gestión agrícola para monitorear la salud del suelo y planificar mejor las temporadas de siembra, mientras que el mentor le muestra cómo manejar el equipo de campo de manera eficiente.

4. Desarrollo de Habilidades de Liderazgo y Gestión

Para los **mentores**, la mentoría también es una oportunidad para desarrollar o mejorar sus habilidades de liderazgo y gestión. Guiar a un aprendiz implica no solo transmitir conocimientos, sino también ser un ejemplo de cómo manejar una operación agrícola y resolver problemas.

Beneficios específicos:

- **Desarrollo de liderazgo**: Los mentores perfeccionan sus habilidades para guiar a otros, tomar decisiones estratégicas y resolver problemas bajo presión.
- **Fomento de la responsabilidad**: Asumir el rol de mentor implica ser un modelo a seguir, lo que refuerza el sentido de responsabilidad y compromiso con la comunidad agrícola.

Ejemplo:

Un agricultor veterano que está cerca de retirarse asume el rol de mentor de un joven productor, enseñándole tanto sobre el manejo de la granja como sobre cómo liderar a un equipo de trabajo, fortaleciendo así sus habilidades de liderazgo.

5. Creación de Redes de Apoyo y Comunidad

La mentoría agrícola contribuye a la creación de **redes de apoyo** entre los agricultores. Los aprendices no solo obtienen un mentor, sino que también tienen la oportunidad de conocer a otros agricultores experimentados y nuevos, formando una comunidad que se apoya mutuamente.

Beneficios específicos:

- **Colaboración y trabajo en red**: Los aprendices pueden aprovechar la red de contactos de su mentor, lo que les abre oportunidades de negocio, colaboraciones y el intercambio de recursos.

- **Sentido de pertenencia**: La mentoría fortalece el sentido de comunidad entre los agricultores, creando una red sólida de apoyo donde los miembros pueden compartir conocimientos, herramientas y consejos.

Ejemplo:

Un joven agricultor que ha sido mentorado durante un año es presentado por su mentor a otros miembros de la cooperativa agrícola, lo que le ayuda a acceder a mejores mercados y oportunidades de financiamiento.

6. Fomento de la Sostenibilidad y la Agricultura Regenerativa

La mentoría agrícola también puede desempeñar un papel importante en la **promoción de prácticas agrícolas sostenibles**. Los mentores experimentados pueden enseñar a los nuevos agricultores métodos de cultivo que preserven la salud del suelo, reduzcan el uso de productos químicos y fomenten la biodiversidad.

Beneficios específicos:

- **Mejores prácticas ambientales**: Los agricultores más experimentados pueden transmitir conocimientos sobre técnicas sostenibles, como la rotación de cultivos, el compostaje y el uso eficiente del agua, lo que ayuda a reducir el impacto ambiental.
- **Liderazgo en sostenibilidad**: Los aprendices que adoptan prácticas sostenibles pueden convertirse en líderes en la promoción de estas técnicas en sus comunidades y cooperativas, asegurando un futuro más sostenible para la agricultura.

Ejemplo:

Un mentor enseña a su aprendiz técnicas de agricultura orgánica y cómo crear compost a partir de desechos de cultivos, ayudando a preservar la fertilidad del suelo sin el uso de fertilizantes químicos.

7. Mejora de la Rentabilidad y la Gestión Financiera

Además de las técnicas agrícolas, los mentores pueden ayudar a los aprendices a mejorar sus habilidades de gestión financiera y planificación empresarial, lo que es clave para asegurar la rentabilidad a largo plazo de las operaciones agrícolas.

Beneficios específicos:

- **Planificación financiera**: Los mentores pueden enseñar a los nuevos agricultores cómo presupuestar, administrar los costos de producción y maximizar las ganancias.
- **Acceso a mercados**: Los mentores con experiencia en la comercialización de productos pueden proporcionar orientación sobre cómo acceder a mercados más rentables, tanto a nivel local como internacional.

Ejemplo:

Un agricultor mentor guía a su aprendiz en la creación de un plan financiero para la temporada, ayudándole a calcular costos, planificar los ingresos esperados y manejar las finanzas de la granja de manera eficiente.

8. Apoyo Emocional y Motivacional

La agricultura puede ser un trabajo desafiante, tanto física como emocionalmente. La mentoría proporciona **apoyo emocional y motivacional**, ayudando a los agricultores a superar los obstáculos y a mantenerse motivados incluso en tiempos difíciles.

Beneficios específicos:

- **Apoyo psicológico**: Los mentores pueden ofrecer una perspectiva valiosa y palabras de aliento durante tiempos difíciles, como cuando las cosechas fallan o los precios de mercado caen.
- **Confianza en el proceso**: Los aprendices pueden ganar confianza al saber que tienen a alguien que los respalda y que ha pasado por experiencias similares.

Ejemplo:

Un agricultor experimentado brinda apoyo emocional a un joven productor durante una mala temporada de cosecha, compartiendo cómo él ha superado situaciones similares en el pasado, lo que ayuda a su aprendiz a seguir adelante.

La mentoría agrícola es una herramienta poderosa para fortalecer la comunidad agrícola y garantizar la continuidad y el crecimiento del sector. No solo acelera el desarrollo de habilidades y conocimientos de los aprendices, sino que también fomenta la innovación, mejora la sostenibilidad y crea redes de apoyo sólidas. Tanto los mentores como los aprendices se benefician de esta relación, lo que contribuye a una agricultura más eficiente, rentable y resiliente frente a los desafíos futuros.

¿Cuáles son los desafíos del liderazgo coloborativo?

El **liderazgo colaborativo** en las organizaciones agrícolas presenta numerosos beneficios, como una mayor participación, cohesión y toma de decisiones inclusiva. Sin embargo, también enfrenta varios **desafíos** que pueden dificultar su implementación y éxito. A continuación, se detallan los principales **desafíos del liderazgo colaborativo** y algunas formas en las que pueden abordarse:

1. Falta de Claridad en los Roles y Responsabilidades

En un entorno de liderazgo colaborativo, donde se promueve la participación y la toma de decisiones compartida, puede surgir una **falta de claridad** sobre quién es responsable de qué tareas o decisiones. Esto puede llevar a la confusión, ineficiencia y falta de rendición de cuentas.

Desafío:

- La delegación de responsabilidades puede no ser clara, lo que lleva a la duplicación de esfuerzos o al abandono de tareas importantes.

Cómo abordarlo:

- Definir claramente los **roles y responsabilidades** de cada miembro o grupo dentro de la organización. Aunque el liderazgo es compartido, es importante que cada persona tenga una comprensión clara de sus responsabilidades.

- Crear **diagramas de roles** o descripciones de trabajo que definan quién lidera cada proyecto o área, para que todos los miembros sepan a quién acudir en caso de dudas o problemas.

2. Dificultad para Tomar Decisiones Rápidas

Uno de los desafíos más importantes del liderazgo colaborativo es la dificultad para tomar decisiones de manera rápida y eficiente. Dado que la colaboración implica la consulta con múltiples partes interesadas y la búsqueda de consenso, esto puede hacer que el proceso de toma de decisiones sea más lento.

Desafío:

- La búsqueda de consenso o la inclusión de muchas opiniones puede retrasar la toma de decisiones, especialmente en situaciones que requieren acción rápida.

Cómo abordarlo:

- **Establecer procesos claros** para tomar decisiones. Esto puede incluir la definición de situaciones en las que se requiere un consenso amplio y aquellas en las que una votación por mayoría es suficiente.
- **Delegar decisiones operativas** a comités o grupos específicos que puedan tomar decisiones más rápidas en áreas especializadas sin tener que consultar a toda la organización para asuntos rutinarios.
- **Priorizar temas** según su urgencia y establecer plazos claros para tomar decisiones, evitando prolongar los debates innecesariamente.

3. Manejo de Conflictos

En un entorno colaborativo, donde se fomenta la participación de muchos individuos con diferentes perspectivas e intereses, es inevitable que surjan **conflictos**. Estos conflictos pueden ser sobre la dirección estratégica de la organización, la distribución de recursos o las diferencias personales entre los miembros.

Desafío:

- Los desacuerdos entre los miembros pueden estancarse o volverse personales, afectando la cooperación y la eficacia de la organización.

Cómo abordarlo:

- **Formación en resolución de conflictos**: Capacitar a los líderes y miembros clave en técnicas de resolución de conflictos para gestionar los desacuerdos de manera constructiva.
- **Mediación**: Designar a un mediador neutral dentro de la organización o traer un facilitador externo si los conflictos escalan. El mediador puede ayudar a asegurar que todas las partes sean escuchadas y a encontrar soluciones mutuamente aceptables.
- **Crear un ambiente de respeto**: Fomentar una cultura de respeto y escuchar activamente las diferentes perspectivas, para que los desacuerdos no se perciban como ataques personales, sino como parte de un proceso constructivo.

4. Desigualdad en la Participación

Aunque el liderazgo colaborativo busca involucrar a todos los miembros de la organización, no todos los individuos tienen la misma **capacidad o disposición** para participar activamente. Algunas personas pueden ser más vocales, mientras que otras, por timidez o inexperiencia, pueden no sentirse cómodas al expresar sus opiniones.

Desafío:

- Algunos miembros pueden dominar las conversaciones o las decisiones, mientras que otros se quedan fuera del proceso de participación, lo que genera desequilibrio.

Cómo abordarlo:

- **Establecer normas de participación equitativa**: Implementar reglas que aseguren que todos los miembros tengan la oportunidad de hablar o contribuir, como limitar el tiempo de intervención o asignar turnos para la palabra.

- **Capacitación en habilidades de comunicación**: Ayudar a los miembros más reservados a ganar confianza mediante capacitaciones en comunicación efectiva y liderazgo.
- **Encuestas o canales de retroalimentación anónimos**: Ofrecer formas alternativas de participación, como encuestas anónimas o plataformas en línea, donde los miembros puedan compartir sus opiniones de manera más cómoda.

5. Exceso de Colaboración y Falta de Eficiencia

En ocasiones, el deseo de involucrar a todos en las decisiones puede generar **exceso de colaboración**, lo que puede ralentizar el progreso y afectar la eficiencia. El liderazgo colaborativo debe equilibrar la necesidad de consultar a los miembros con la capacidad de avanzar rápidamente.

Desafío:

- Demasiadas discusiones o la necesidad de llegar a un consenso en cada detalle pueden hacer que las reuniones sean largas y que las decisiones sean pospuestas o complicadas.

Cómo abordarlo:

- **Establecer límites claros** para la colaboración: No todas las decisiones requieren la participación de todos los miembros. Determinar qué decisiones pueden ser delegadas a comités o a líderes específicos y cuáles requieren consulta más amplia.
- **Optimizar las reuniones**: Mantener las reuniones enfocadas, con una agenda clara y tiempos asignados para cada tema. Si se requiere más tiempo para discutir ciertos temas, se pueden organizar reuniones separadas o establecer grupos de trabajo específicos.
- **Definir procesos rápidos para decisiones urgentes**: Crear un proceso rápido para decisiones que no puedan esperar, donde los líderes o comités clave tomen decisiones en situaciones urgentes.

6. Coordinación entre Múltiples Equipos o Grupos

En un entorno agrícola colaborativo, es común tener múltiples equipos o grupos trabajando en diferentes proyectos, como producción, comercialización o finanzas. La **falta de coordinación** entre estos equipos puede ser un desafío, ya que puede generar duplicación de esfuerzos o contradicciones en las decisiones.

Desafío:

- Los equipos pueden trabajar de manera aislada o tener dificultades para coordinar sus esfuerzos, lo que puede llevar a la ineficiencia o a decisiones contradictorias.

Cómo abordarlo:

- **Establecer reuniones de coordinación regulares**: Organizar reuniones de actualización entre los líderes de los diferentes equipos para compartir el progreso y asegurar que los esfuerzos estén alineados.

- **Designar a un coordinador**: Asignar a un miembro de la organización el rol de coordinador, cuyo trabajo es garantizar que las diferentes áreas de trabajo estén sincronizadas y que los equipos colaboren de manera efectiva.
- **Usar herramientas de gestión de proyectos**: Implementar herramientas tecnológicas de gestión de proyectos que permitan a los equipos compartir información y colaborar de manera más eficiente, con visibilidad del progreso en tiempo real.

7. Falta de Compromiso Continuo

En un modelo colaborativo, el éxito depende del **compromiso continuo** de los miembros. Sin embargo, puede ser difícil mantener altos niveles de participación a largo plazo, especialmente si los miembros sienten que sus esfuerzos no son reconocidos o si no ven resultados tangibles.

Desafío:

- La falta de participación sostenida puede debilitar el liderazgo colaborativo y hacer que la carga de trabajo se distribuya de manera desigual, recayendo en unos pocos.

Cómo abordarlo:

- **Reconocer las contribuciones de los miembros**: Reconocer regularmente los esfuerzos de los miembros que participan activamente, a través de premios o menciones en reuniones, puede motivar a otros a participar.
- **Establecer metas claras y medibles**: Asegurarse de que los miembros vean resultados tangibles de su participación al establecer metas claras y medibles. El éxito de los proyectos colaborativos debe ser visible y celebrado.
- **Rotación de responsabilidades**: Para evitar la sobrecarga de unos pocos y la falta de participación de otros, implementar un sistema de rotación de responsabilidades, de manera que diferentes miembros asuman roles de liderazgo en distintos momentos.

El **liderazgo colaborativo** tiene el potencial de fortalecer la cohesión, aumentar la participación y mejorar la toma de decisiones en las organizaciones agrícolas. Sin embargo, no está exento de desafíos. La falta de claridad en los roles, la dificultad para tomar decisiones rápidas, los conflictos, la desigualdad en la participación y la falta de coordinación son algunos de los obstáculos comunes. Superarlos requiere un liderazgo claro, la implementación de procesos eficaces y la creación de una cultura organizativa que valore la colaboración y la transparencia.

Al abordar estos desafíos de manera proactiva, las organizaciones pueden aprovechar al máximo los beneficios del liderazgo colaborativo y crear un entorno agrícola más inclusivo y exitoso.

¿Cómo mantener el compromiso continuo?

Mantener el **compromiso continuo** de los miembros en una organización agrícola, especialmente en un entorno de liderazgo colaborativo, es crucial para el éxito a largo plazo. Un alto nivel de compromiso asegura que todos los miembros estén involucrados, motivados y contribuyendo activamente al crecimiento y desarrollo de la organización. Sin embargo, mantener ese compromiso puede ser un desafío, ya que las personas pueden perder interés o motivación con el tiempo si no ven resultados tangibles o no se sienten valoradas.

A continuación, te ofrezco **estrategias clave** para mantener el compromiso continuo de los miembros en una organización agrícola colaborativa:

1. Establecer Metas Claras y Alcanzables

Una de las formas más efectivas de mantener el compromiso es asegurarse de que los miembros estén trabajando hacia **metas claras y realistas**. Cuando los objetivos son tangibles y los miembros entienden cómo su participación contribuye al éxito de la organización, se sienten más motivados a seguir involucrados.

Cómo Implementarlo:

- **Definir objetivos medibles**: Asegúrate de que cada proyecto o iniciativa tenga metas claras y alcanzables que los miembros puedan monitorear y celebrar. Los hitos intermedios permiten ver el progreso y mantienen el entusiasmo.

- **Revisiones periódicas**: Realiza revisiones periódicas de las metas en las reuniones para que los miembros puedan evaluar el progreso y ajustar las estrategias si es necesario. Involucrar a los miembros en la revisión de metas ayuda a mantener el sentido de responsabilidad.

Ejemplo:

En una cooperativa agrícola, el liderazgo establece una meta anual de aumentar la producción de un cultivo específico en un 15%. Los avances se revisan trimestralmente, y cada grupo de trabajo presenta su progreso. Esto mantiene a todos los miembros enfocados y comprometidos con el objetivo final.

2. Reconocer y Celebrar los Logros

El **reconocimiento** es una herramienta poderosa para mantener el compromiso. Las personas se sienten más motivadas cuando su esfuerzo es valorado y reconocido públicamente. Celebrar los éxitos, grandes o pequeños, refuerza la idea de que cada contribución importa.

Cómo Implementarlo:

- **Reconocimientos formales**: Establece sistemas de reconocimiento, como premios o menciones especiales en reuniones, para aquellos que han hecho contribuciones significativas.
- **Celebrar hitos**: Asegúrate de celebrar los logros clave de la organización, como el cumplimiento de metas de producción, la firma de contratos importantes o la implementación de nuevas tecnologías. Estas celebraciones pueden ser tan simples como un reconocimiento verbal durante una reunión o tan grandes como una celebración formal.

Ejemplo:

Una cooperativa organiza una cena anual para celebrar el éxito de la temporada, donde se otorgan premios a los miembros más comprometidos o a aquellos que lograron innovaciones importantes. Esto motiva a los demás a seguir contribuyendo activamente.

3. Fomentar la Participación y la Toma de Decisiones Inclusiva

Para que los miembros se sientan comprometidos, es fundamental que **sientan que tienen voz y voto** en la toma de decisiones importantes. La inclusión en el proceso de toma de decisiones refuerza el sentido de pertenencia y hace que los miembros se sientan responsables del éxito de la organización.

Cómo Implementarlo:

- **Reuniones participativas**: Establecer reuniones regulares donde se aliente la participación de todos los miembros en la discusión de temas clave. Utiliza métodos como votaciones o consensos para asegurar que las decisiones reflejen la voluntad de la mayoría.
- **Grupos de trabajo**: Formar grupos de trabajo específicos para que los miembros asuman responsabilidades en áreas de su interés, lo que los motiva a mantenerse involucrados en esos proyectos.

Ejemplo:

En una cooperativa, los miembros se dividen en grupos de trabajo para gestionar proyectos como la comercialización de productos o la implementación de nuevas tecnologías agrícolas. Cada grupo presenta sus avances en las reuniones, y todos los miembros tienen la oportunidad de influir en las decisiones.

4. Proveer Capacitación y Oportunidades de Crecimiento

El compromiso de los miembros también se fortalece cuando tienen la oportunidad de **aprender y desarrollarse profesionalmente** dentro de la organización. Las capacitaciones no solo mejoran sus habilidades, sino que también refuerzan su sentido de pertenencia y su valor para la organización.

Cómo Implementarlo:

- **Capacitación continua**: Organiza programas de formación y talleres sobre temas relevantes, como nuevas tecnologías agrícolas, gestión financiera, liderazgo o sostenibilidad. Asegúrate de que todos los miembros tengan acceso a estos programas.
- **Mentoría**: Fomenta un programa de mentoría donde los miembros más experimentados guíen a los nuevos, creando lazos y asegurando que los conocimientos y habilidades se compartan dentro de la organización.

Ejemplo:

Una cooperativa agrícola ofrece talleres sobre gestión de cultivos sostenibles y nuevas tecnologías de agricultura de precisión. Los miembros que participan en estos talleres se sienten empoderados para implementar estos cambios en sus propias operaciones, lo que refuerza su compromiso con la organización.

5. Crear un Sentido de Comunidad y Pertenencia

Las organizaciones colaborativas prosperan cuando los miembros sienten que son parte de una **comunidad** más grande, unida por un propósito común. Fomentar un fuerte sentido de pertenencia puede aumentar significativamente el compromiso a largo plazo.

Cómo Implementarlo:

- **Actividades sociales**: Organiza actividades fuera del entorno de trabajo que permitan a los miembros interactuar de manera informal y fortalecer las relaciones personales. Estas actividades pueden incluir eventos sociales, celebraciones o incluso actividades recreativas.
- **Apoyo mutuo**: Fomenta una cultura de apoyo mutuo dentro de la organización, donde los miembros se ayuden entre sí, ya sea compartiendo conocimientos o colaborando en proyectos. Esto crea un ambiente más cercano y colaborativo.

Ejemplo:

Una cooperativa agrícola organiza una jornada de campo una vez al año, donde los miembros y sus familias se reúnen para compartir experiencias y disfrutar de actividades recreativas. Estas reuniones refuerzan el sentido de comunidad y mejoran las relaciones personales entre los miembros.

6. Mantener una Comunicación Abierta y Transparente

La **comunicación abierta y frecuente** es crucial para que los miembros se sientan informados, valorados y comprometidos. Cuando la información fluye de manera transparente, los miembros están más inclinados a participar activamente.

Cómo Implementarlo:

- **Informes regulares**: Mantén a los miembros actualizados sobre los avances de la organización mediante boletines, correos electrónicos o reuniones periódicas donde se presenten informes financieros, logros y próximos desafíos.

- **Retroalimentación**: Fomenta un ambiente donde los miembros puedan dar y recibir retroalimentación. Implementa encuestas periódicas o reuniones de retroalimentación para conocer las inquietudes de los miembros y actuar sobre ellas.

Ejemplo:

En una cooperativa, el presidente envía un boletín mensual a todos los miembros detallando los avances en proyectos, los ingresos y las oportunidades de mejora. Además, se realiza una encuesta trimestral para recoger sugerencias y opiniones de los miembros, lo que refuerza el sentido de transparencia y colaboración.

7. Ofrecer Recompensas y Beneficios por la Participación

Para incentivar aún más la participación activa, ofrecer **recompensas o incentivos** puede ser una estrategia efectiva. Estas recompensas no tienen que ser monetarias; pueden incluir beneficios, reconocimientos o acceso a oportunidades especiales dentro de la organización.

Cómo Implementarlo:

- **Premios por participación**: Otorga premios o incentivos a los miembros más participativos o aquellos que lideren proyectos exitosos. Esto no solo refuerza el compromiso de quienes ya están involucrados, sino que también motiva a otros a participar.
- **Beneficios adicionales**: Considera la posibilidad de ofrecer beneficios exclusivos a los miembros comprometidos, como acceso prioritario a recursos, formaciones o subvenciones.

Ejemplo:

Una cooperativa agrícola implementa un programa de recompensas donde los miembros más activos, que asisten a la mayoría de las reuniones y participan en proyectos, reciben descuentos en insumos agrícolas o acceso preferencial a equipos de riego compartidos.

8. Adaptarse a las Necesidades de los Miembros

Es fundamental que la organización sea **flexible y adaptable** a las necesidades cambiantes de los miembros. La agricultura es un sector que puede enfrentar cambios drásticos debido a factores externos como el clima, el mercado o las políticas, y los compromisos individuales pueden variar con el tiempo.

Cómo Implementarlo:

- **Flexibilidad en la participación**: Asegúrate de que los roles dentro de la organización sean flexibles, permitiendo que los miembros ajusten su nivel de compromiso según sus circunstancias personales o laborales.
- **Escuchar activamente**: Mantén una comunicación abierta con los miembros para comprender sus necesidades y ajustar las estrategias de compromiso en consecuencia.

Ejemplo:

Una cooperativa permite que los agricultores reduzcan temporalmente su participación en ciertos proyectos durante la temporada de cosecha, cuando sus responsabilidades aumentan, sin que esto afecte su estatus en la cooperativa. Este enfoque flexible mantiene el compromiso a largo plazo.

El Mantener el **compromiso continuo** en una organización agrícola colaborativa requiere un enfoque proactivo. Al establecer metas claras, reconocer los logros, fomentar la participación, ofrecer oportunidades de crecimiento y asegurar una comunicación abierta, se crea un entorno en el que los miembros se sienten valorados, motivados y conectados con la misión de la organización. A través de estas estrategias, es posible mantener un alto nivel de participación y compromiso, lo que fortalecerá la **organización y garantizará su éxito a largo plazo**. Mantener el compromiso de los miembros no es solo cuestión de motivación individual, sino de crear un entorno de trabajo en el que los miembros sientan que su contribución tiene un impacto directo en los resultados. Con las estrategias descritas, los líderes pueden construir una comunidad agrícola colaborativa, donde el esfuerzo colectivo lleva a mejores decisiones, mayor productividad y una organización más cohesionada.

Resumen de Estrategias para Mantener el Compromiso Continuo:

1. **Establecer metas claras y alcanzables:** Proporcionar objetivos medibles que los miembros puedan monitorear y celebrar.
2. **Reconocer y celebrar los logros:** Crear un sistema de reconocimiento para destacar el esfuerzo de los miembros.
3. **Fomentar la participación y toma de decisiones inclusiva:** Asegurar que todos tengan voz en las decisiones clave.
4. **Proveer capacitación y oportunidades de crecimiento:** Ofrecer programas de formación y mentoría para fortalecer habilidades y motivar la participación.
5. **Crear un sentido de comunidad y pertenencia:** Fomentar actividades sociales y una cultura de apoyo mutuo.
6. **Mantener una comunicación abierta y transparente:** Informar a los miembros de los avances y permitir la retroalimentación constante.
7. **Ofrecer recompensas y beneficios por la participación:** Incentivar la participación activa con reconocimientos y beneficios.

8. **Adaptarse a las necesidades de los miembros:** Ser flexible y escuchar las necesidades cambiantes de los miembros.

El **compromiso continuo** es clave para la sostenibilidad de una organización agrícola colaborativa. Los líderes deben estar siempre atentos a las motivaciones, necesidades y desafíos de sus miembros para mantener su participación activa. Un enfoque equilibrado que combine reconocimiento, oportunidades de crecimiento, participación en la toma de decisiones y un ambiente de apoyo puede asegurar que los miembros sigan comprometidos y dedicados a los objetivos comunes. La adaptabilidad y el reconocimiento del esfuerzo colectivo son esenciales para construir una comunidad agrícola fuerte y resiliente.

¿Qué tipo de actividades sociales sugieres?

Las **actividades sociales** son una excelente forma de fortalecer las relaciones entre los miembros de una cooperativa agrícola u organización agrícola colaborativa, lo que a su vez mejora el compromiso, la cohesión y la colaboración dentro de la organización. Estas actividades permiten que los miembros interactúen en un ambiente más relajado, fomentando la camaradería, el trabajo en equipo y el sentido de pertenencia. A continuación, te sugiero varios tipos de actividades sociales que pueden ser implementadas en una organización agrícola.

1. Jornadas de Campo y Visitas Agrícolas

Las **jornadas de campo** son una actividad ideal para que los miembros compartan conocimientos y experiencias mientras se conocen en un entorno práctico. Estas visitas permiten a los agricultores aprender unos de otros y generar un sentido de comunidad a través de la observación directa de las operaciones agrícolas.

Cómo organizarlas:

- **Visitas a fincas o parcelas**: Organizar visitas a las fincas de los miembros de la cooperativa para que compartan sus métodos de cultivo, tecnologías y desafíos. Esto también brinda la oportunidad de mostrar las mejores prácticas y promover la innovación.
- **Demostraciones en vivo**: Las visitas pueden incluir demostraciones de nuevas tecnologías, prácticas agrícolas sostenibles o maquinaria, lo que genera valor agregado a la experiencia.

Ejemplo:

Una cooperativa organiza una visita a la finca de uno de los miembros que ha implementado un sistema de riego por goteo eficiente. Durante la visita, los demás miembros pueden aprender sobre las ventajas del sistema y discutir cómo adaptarlo a sus propias operaciones.

2. Cenas y Reuniones Sociales Informales

Las **cenas** o reuniones informales permiten a los miembros interactuar fuera del contexto laboral y fortalecer las relaciones personales. Esto genera un ambiente de confianza y cercanía, lo que mejora la comunicación y la colaboración dentro de la organización.

Cómo organizarlas:

- **Cena de fin de año**: Organizar una cena o evento de fin de año donde los miembros puedan reunirse para celebrar los logros de la cooperativa durante el año.
- **Barbacoas o asados al aire libre**: Organizar un evento de comida en un entorno relajado, como un asado, puede ser una excelente manera de reunir a las familias de los miembros y fomentar un sentido de comunidad.

Ejemplo:

La cooperativa organiza una cena de fin de temporada donde los miembros y sus familias se reúnen para compartir historias y celebrar los éxitos del año. Durante la cena, se entregan premios simbólicos a los agricultores que más se destacaron.

3. Talleres Prácticos y Capacitaciones Grupales

Los **talleres prácticos** son una excelente manera de combinar actividades sociales con el desarrollo profesional. Estos eventos permiten que los miembros trabajen juntos, aprendan nuevas habilidades y compartan conocimientos, creando lazos más fuertes dentro de la organización.

Cómo organizarlas:

- **Talleres sobre nuevas tecnologías**: Organiza capacitaciones en nuevas tecnologías agrícolas, como agricultura de precisión, uso de drones, o manejo de cultivos sostenibles.

- **Talleres de intercambio de conocimientos**: Los miembros pueden presentar sus especialidades en un formato de taller donde compartan experiencias específicas, como métodos de compostaje, manejo de plagas o técnicas de cultivo orgánico.

Ejemplo:

La cooperativa organiza un taller sobre cómo usar una aplicación de gestión agrícola. Los miembros más jóvenes, que ya están familiarizados con la tecnología, ayudan a los agricultores mayores a aprender a usar la herramienta.

4. Actividades Recreativas y Deportivas

Las **actividades deportivas y recreativas** son una forma divertida de generar vínculos entre los miembros de una cooperativa. El deporte y las actividades al aire libre promueven el trabajo en equipo, la camaradería y la motivación, además de proporcionar un descanso de las responsabilidades diarias.

Cómo organizarlas:

- **Torneos de fútbol o voleibol**: Organizar un torneo de fútbol, voleibol u otro deporte popular, donde los miembros compitan en equipos mixtos. Estas actividades pueden incluir tanto a los agricultores como a sus familias.
- **Carreras o caminatas al aire libre**: Organizar caminatas o carreras recreativas en áreas naturales, permitiendo a los miembros disfrutar de la naturaleza y compartir una experiencia relajada fuera del trabajo.

Ejemplo:

La cooperativa organiza un torneo de fútbol anual, donde los agricultores y sus familias compiten en equipos. Al final del torneo, se celebra una comida compartida para reforzar la interacción social.

5. Ferias y Mercados Agrícolas

Las **ferias agrícolas** o **mercados locales** son una excelente oportunidad para que los miembros promuevan y vendan sus productos mientras se conectan con la comunidad. Además, participar juntos en estos eventos ayuda a construir relaciones más sólidas dentro de la organización.

Cómo organizarlas:

- **Mercado comunitario**: Organizar un mercado local donde los miembros de la cooperativa vendan productos directamente al público. Los miembros pueden colaborar en la logística del evento y promover juntos sus productos.
- **Feria de productos agrícolas**: Organizar una feria donde los agricultores muestren sus cultivos o productos. Puede incluir competencias amistosas sobre el mejor cultivo del año o el producto más innovador.

Ejemplo:

La cooperativa organiza una feria agrícola en el pueblo, donde los miembros exponen y venden sus productos. También se realizan concursos y se premia al mejor producto del año, lo que fortalece el sentido de logro entre los agricultores.

6. Voluntariado Comunitario y Actividades Sociales

Las actividades de **voluntariado comunitario** son una manera excelente de generar un sentido de propósito compartido y retribuir a la comunidad. Participar en proyectos de voluntariado no solo fortalece los lazos entre los miembros, sino que también mejora la reputación de la organización en la comunidad local.

Cómo organizarlas:

- **Proyectos comunitarios**: Organizar actividades de voluntariado, como la plantación de árboles, la restauración de terrenos o la mejora de espacios públicos, donde los miembros puedan trabajar juntos por el bien común.

- **Donaciones de productos agrícolas**: Organizar campañas de donación de productos agrícolas a comunidades vulnerables o participar en maratones solidarios.

Ejemplo:

Los miembros de la cooperativa se unen para plantar árboles en una zona afectada por la deforestación. Además de contribuir al medio ambiente, los miembros desarrollan lazos más fuertes mientras colaboran en una causa significativa.

7. Conferencias y Encuentros Educativos

Participar en **conferencias o seminarios** agrícolas puede ser tanto una actividad social como una oportunidad para que los miembros de la cooperativa aprendan sobre nuevas tendencias y tecnologías. Estos encuentros permiten a los miembros conectarse con otros agricultores y expertos del sector.

Cómo organizarlas:

- **Conferencias locales**: Organizar encuentros con expertos locales en agricultura para discutir temas como sostenibilidad, nuevas técnicas de cultivo o acceso a mercados.
- **Viajes a ferias agrícolas internacionales**: Organizar viajes grupales a ferias o exposiciones internacionales, permitiendo a los miembros conocer las innovaciones del sector a nivel global.

Ejemplo:

La cooperativa organiza un viaje a una feria internacional de maquinaria agrícola, donde los miembros tienen la oportunidad de interactuar con productores de otros países y conocer las últimas tecnologías disponibles en el mercado.

8. Concursos y Actividades Temáticas

Los **concursos amistosos** dentro de la cooperativa son una forma divertida de generar competencia sana y motivación. Estos eventos pueden centrarse en aspectos agrícolas o simplemente ser actividades recreativas para fomentar el trabajo en equipo.

Cómo organizarlas:

- **Concurso de cosechas**: Organiza un concurso donde los miembros compitan por la mejor cosecha o el cultivo más innovador. Esto puede incluir premios simbólicos y fomentar el intercambio de técnicas agrícolas.
- **Día temático**: Organiza un día temático donde los miembros se disfracen o participen en actividades relacionadas con la cultura agrícola.

Ejemplo:

La cooperativa organiza un concurso anual para premiar al agricultor con la mejor calidad de producto, con categorías para diferentes cultivos. Durante la premiación, se organiza una actividad social para todos los miembros.

Las **actividades sociales** dentro de una organización agrícola son fundamentales para fortalecer los lazos entre los miembros, mejorar la comunicación y generar un sentido de comunidad. Al combinar actividades recreativas, educativas y laborales, se fomenta una cultura de colaboración y apoyo mutuo, lo que a su vez mejora el compromiso y la motivación dentro de la organización.

Al planificar estas actividades, es importante asegurarse de que sean **inclusivas** y que reflejen los intereses y necesidades de todos los miembros. Con estas actividades, una cooperativa puede crear un ambiente en el que los miembros no solo trabajen juntos, sino que también disfruten del proceso y se sientan parte de una comunidad agrícola fuerte y unida.

¿Cómo podemos organizar una feria agrícola?

Organizar una **feria agrícola** es una excelente manera de **promover productos locales, fomentar la colaboración entre agricultores** y **conectar con la comunidad**. Además, es una oportunidad para que los agricultores intercambien conocimientos, muestren nuevas tecnologías y técnicas de cultivo, y accedan a nuevos mercados. Para organizar una feria agrícola exitosa, es fundamental planificar cada detalle, desde la selección del lugar hasta la promoción del evento.

Aquí tienes una **guía paso a paso** para organizar una feria agrícola:

1. Definir los Objetivos de la Feria

Antes de comenzar con la planificación logística, es importante establecer los **objetivos principales** del evento. Tener claro el propósito ayudará a organizar la feria de manera más eficaz y garantizará que se cubran las necesidades de los participantes y del público.

Preguntas Clave:

- ¿Cuál es el objetivo principal de la feria? (Promover productos agrícolas locales, fomentar el intercambio de conocimientos, promover la sostenibilidad, atraer nuevos clientes, etc.)
- ¿Quién es el público objetivo? (Agricultores, compradores locales, exportadores, público general, escuelas, etc.)
- ¿Qué productos o tecnologías se destacarán? (Cultivos específicos, maquinaria, productos orgánicos, etc.)

Ejemplo de Objetivos:

- Promover los productos agrícolas locales a los compradores mayoristas.
- Fomentar la adopción de nuevas tecnologías agrícolas.
- Crear un espacio para el intercambio de conocimientos sobre sostenibilidad y agricultura ecológica.

2. Formar un Comité Organizador

El éxito de la feria depende de una **buena organización y delegación de responsabilidades**. Formar un comité organizador con roles específicos permitirá gestionar de manera eficiente todos los aspectos del evento.

Roles Clave:

- **Coordinador General**: Supervisará la planificación general y se encargará de la toma de decisiones.
- **Coordinador de Logística**: Encargado de organizar el lugar, los stands, el montaje y desmontaje.
- **Responsable de Promoción y Publicidad**: Encargado de difundir el evento a través de medios locales, redes sociales y canales de comunicación.
- **Coordinador de Participantes**: Responsable de contactar a los agricultores, empresas, y otros expositores que participarán en la feria.
- **Coordinador de Finanzas**: Gestionará el presupuesto, las entradas, los patrocinadores y cualquier otro aspecto financiero.

Ejemplo:

Una cooperativa agrícola puede formar un comité con sus propios miembros, asignando roles específicos, como la coordinación del lugar y la logística, la publicidad en redes sociales y medios locales, y la organización de actividades en el evento.

3. Seleccionar la Ubicación y Fecha del Evento

La **ubicación** y la **fecha** son factores cruciales para el éxito de la feria. Deben ser accesibles tanto para los expositores como para los asistentes y estar en un lugar visible y cómodo para la comunidad.

Consideraciones para la Ubicación:

- **Accesibilidad**: Asegúrate de que el lugar sea fácilmente accesible, con suficiente espacio para acomodar a los expositores, los visitantes y cualquier equipo o maquinaria que se exhiba.
- **Capacidad**: Elige un lugar con el espacio suficiente para los stands de los expositores, áreas de demostración, estacionamiento y zonas comunes para los asistentes.

- **Condiciones climáticas**: Si la feria se realiza al aire libre, considera la posibilidad de ofrecer áreas cubiertas o carpas para evitar inconvenientes por el clima.

Consideraciones para la Fecha:

- **Temporada agrícola**: Elige una fecha que sea conveniente para los agricultores, evitando épocas de cosecha intensa.
- **Eventos locales**: Asegúrate de no coincidir con otros eventos importantes que puedan restar público o recursos.

Ejemplo:

Una feria agrícola de productos frescos podría organizarse en un campo cercano al centro de la ciudad en los primeros meses de la cosecha, asegurándose de que los agricultores tengan productos frescos para ofrecer.

4. Determinar el Presupuesto

El **presupuesto** es un elemento clave en la organización de la feria. Debe cubrir todos los aspectos del evento, desde la contratación del lugar hasta la publicidad, la infraestructura y los materiales necesarios. Un presupuesto claro ayudará a gestionar los recursos de manera efectiva y buscar posibles patrocinadores.

Aspectos a Considerar en el Presupuesto:

- Alquiler del espacio o infraestructura.
- Alquiler de carpas, mesas, sillas, electricidad y sanitarios.
- Diseño e impresión de material promocional (volantes, carteles, publicidad en redes).
- Costos de publicidad en medios locales.
- Contratación de personal (seguridad, mantenimiento, logística).
- Costos asociados a actividades especiales (concursos, demostraciones).
- Recaudación de fondos y patrocinadores.

Fuentes de Ingreso:

- Cuotas de inscripción para expositores.
- Patrocinios de empresas locales o instituciones.
- Venta de entradas o donaciones.
- Venta de productos y servicios relacionados con la agricultura.

Ejemplo:

El comité organizador establece un presupuesto detallado para cubrir el alquiler del lugar, la instalación de carpas y la publicidad en los medios locales. Para financiar el evento, buscan patrocinadores entre proveedores de insumos agrícolas y maquinaria.

5. Identificar y Contactar a los Expositores

La feria debe contar con **expositores relevantes** que ofrezcan productos o servicios que interesen al público objetivo. Esto puede incluir agricultores, empresas de maquinaria agrícola, proveedores de insumos, organizaciones de apoyo, entre otros.

Cómo Identificar a los Expositores:

- **Agricultores locales**: Productores de cultivos locales, productos artesanales o productos orgánicos.
- **Empresas de maquinaria agrícola**: Proveedores de tractores, sistemas de riego, maquinaria de cosecha, etc.
- **Instituciones de apoyo**: Organizaciones gubernamentales o ONG que ofrezcan servicios o subsidios agrícolas.
- **Empresas tecnológicas**: Expositores que ofrezcan nuevas tecnologías aplicadas a la agricultura, como sensores, software de gestión, drones, etc.

Cómo Contactarlos:

- Enviar invitaciones personalizadas a los posibles expositores.
- Ofrecer incentivos, como tarifas especiales o descuentos, a los primeros expositores en confirmar.
- Asegurarse de que los expositores reciban toda la información necesaria sobre el montaje, horarios y logística del evento.

Ejemplo:

La feria agrícola invita a agricultores locales, proveedores de insumos y representantes de instituciones gubernamentales para participar como expositores, promoviendo tanto productos como servicios relevantes para la agricultura local.

6. Planificar Actividades y Programación

Una buena feria agrícola debe tener una **programación atractiva** que mantenga a los asistentes interesados y fomente la interacción entre expositores y visitantes. Las actividades pueden incluir concursos, demostraciones, conferencias y actividades para toda la familia.

Actividades Sugeridas:

- **Demostraciones en vivo**: Mostrar el uso de maquinaria agrícola, sistemas de riego, técnicas de compostaje, o nuevas tecnologías.
- **Charlas y conferencias**: Invitar a expertos para que hablen sobre temas como sostenibilidad, acceso a mercados, innovación en la agricultura, etc.

- **Concursos agrícolas**: Premios al mejor producto o cultivo, al productor más innovador, o al diseño más sostenible.
- **Actividades para niños**: Juegos, concursos de manualidades agrícolas, o áreas interactivas para enseñar a los más jóvenes sobre la agricultura.
- **Cocina en vivo**: Contratar chefs locales que utilicen productos agrícolas de los expositores para cocinar en vivo y promover el consumo de productos locales.

Ejemplo:

La feria organiza un concurso de "El mejor cultivo del año" para premiar al agricultor con los productos de mejor calidad. Además, se ofrecen talleres sobre agricultura sostenible y demostraciones de maquinaria agrícola.

7. Promoción y Difusión del Evento

Una buena promoción es esencial para atraer tanto a los expositores como al público en general. Utiliza diferentes canales para garantizar que el evento tenga una **buena visibilidad** en la comunidad.

Estrategias de Promoción:

- **Medios locales**: Publicitar la feria en radios locales, periódicos, y televisión.
- **Redes sociales**: Crear eventos en plataformas como Facebook, Instagram, y Twitter para generar expectativa y atraer a diferentes públicos.
- **Alianzas con instituciones locales**: Coordinar con escuelas, universidades agrícolas, o instituciones gubernamentales para promover el evento entre sus miembros.
- **Volantes y carteles**: Distribuir material publicitario en mercados locales, cooperativas y comunidades rurales.
- **Promociones cruzadas**: Ofrecer descuentos o entradas gratuitas para grupos que asistan en conjunto o promocionar el evento junto a otros eventos locales.

Ejemplo:

El comité organizador promociona la feria mediante un evento en Facebook, donde destacan las actividades clave y los expositores que participarán. También se publican anuncios en la radio local y se distribuyen carteles en los mercados agrícolas de la zona.

8. Logística del Día del Evento

El día del evento, es fundamental contar con un **plan de logística claro** para asegurarse de que todo funcione sin problemas. Esto incluye la disposición de los expositores, la señalización, el montaje de equipos, y la coordinación del personal.

Aspectos Logísticos Clave:

Disposición de los stands: Asegúrate de que los stands estén bien organizados y accesibles para los visitantes. Coloca señalización clara para guiar a los asistentes **por el lugar y facilitar su movilidad**. La organización clara del espacio contribuye a una mejor experiencia para los expositores y los visitantes.

Aspectos Logísticos Clave:

- **Montaje de stands y carpas**: Asegúrate de que los expositores tengan suficiente tiempo para montar sus stands antes de que empiece la feria. Proporciona acceso a energía eléctrica, agua y cualquier otra necesidad logística que puedan tener, como mesas y sillas.

- **Señalización y mapas**: Coloca mapas y señalizaciones en puntos estratégicos del recinto para ayudar a los visitantes a localizar stands, áreas de descanso, servicios y actividades especiales. Proporciona mapas impresos al entrar o distribuye una versión digital para quienes prefieran acceder desde su móvil.

- **Estacionamiento y transporte**: Organiza estacionamiento adecuado y gratuito para expositores y visitantes. Si la ubicación está alejada de las áreas urbanas, considera ofrecer transporte desde puntos clave de la ciudad.

- **Seguridad y primeros auxilios**: Contrata personal de seguridad para garantizar el orden en el evento. También es importante contar con un puesto de primeros auxilios para atender cualquier emergencia médica.

- **Manejo de residuos**: Asegúrate de que haya suficientes contenedores de basura y reciclaje para mantener el área limpia durante el evento. Fomenta el reciclaje y la sostenibilidad en la feria.

Ejemplo:

El día de la feria, el comité organizador instala señalizaciones claras que guían a los visitantes a cada stand. Además, hay áreas designadas para el estacionamiento y personal de seguridad en todo el recinto. Un equipo de voluntarios se encarga de verificar que todo esté en orden durante el evento.

9. Evaluación y Seguimiento Post-Evento

Una vez que la feria haya concluido, es crucial realizar una **evaluación completa del evento** para identificar las fortalezas y áreas de mejora. El seguimiento con los expositores y asistentes permitirá obtener retroalimentación valiosa y mejorar futuras ediciones de la feria.

Evaluación:

- **Encuestas de satisfacción**: Envía encuestas a los expositores y asistentes para obtener sus opiniones sobre la organización, la logística, el impacto y las actividades. Pregunta qué aspectos les gustaron más y qué se podría mejorar.

- **Revisión del presupuesto**: Haz una revisión final de los ingresos y gastos del evento para evaluar la rentabilidad. Esto ayudará a ajustar el presupuesto en el futuro.
- **Reunión de cierre con el comité**: Organiza una reunión con el comité organizador para discutir los resultados del evento y los comentarios recibidos. Identifica lo que funcionó bien y las áreas que requieren mejoras.

Seguimiento:

- **Contacto con los expositores**: Envía agradecimientos a los expositores y comparte los resultados de la feria, incluyendo el número de asistentes, contactos generados y cualquier otro indicador relevante. Mantener una relación positiva con los expositores asegura su participación en futuras ediciones.
- **Planificación de la próxima feria**: Comienza a planificar la siguiente feria con tiempo, basándote en las lecciones aprendidas y el feedback obtenido.

Ejemplo:

Después de la feria, el comité organizador envía una encuesta a los expositores para recopilar su opinión sobre la organización y las ventas realizadas durante el evento. Basado en esta retroalimentación, ajustan algunos aspectos logísticos para la siguiente edición de la feria.

10. Crear Relaciones a Largo Plazo

Una feria agrícola exitosa puede ser una plataforma para crear **relaciones a largo plazo** entre agricultores, expositores, patrocinadores y la comunidad. Establecer relaciones sólidas con los participantes aumenta la posibilidad de colaboraciones futuras y garantiza la sostenibilidad del evento en los años siguientes.

Estrategias para Fortalecer Relaciones:

- **Establecer alianzas estratégicas**: Trabaja en colaboración con otras organizaciones agrícolas, cooperativas, universidades o instituciones gubernamentales para que apoyen el evento y se comprometan a largo plazo.

- **Crear una red de contactos**: Mantén actualizada una base de datos con los expositores, patrocinadores y asistentes clave para seguir invitándolos a futuros eventos y mantener el contacto durante todo el año.
- **Promover la colaboración**: Fomenta la creación de redes entre los expositores y asistentes durante la feria, organizando espacios de networking o reuniones específicas para crear oportunidades de negocio y colaboración.

Ejemplo:

Durante la feria, se organiza una sesión de networking para que los expositores puedan conectar con compradores mayoristas, inversores y otros agricultores interesados en colaborar en proyectos conjuntos. Esto ayuda a crear relaciones comerciales a largo plazo.

Organizar una feria agrícola exitosa requiere una planificación meticulosa, la creación de un equipo organizador eficiente y la ejecución de estrategias logísticas bien definidas. La clave del éxito radica en tener objetivos claros, involucrar a los expositores correctos, organizar actividades atractivas y promocionar el evento de manera efectiva.

Crear relaciones a largo plazo es uno de los objetivos más importantes de una feria agrícola exitosa, ya que establece una base sólida para futuras colaboraciones y asegura la continuidad del evento. Estas relaciones no solo fortalecen a los agricultores y expositores, sino que también pueden involucrar a patrocinadores, universidades, cooperativas e instituciones gubernamentales que apoyen el desarrollo agrícola en general. Establecer alianzas estratégicas con estas entidades permite asegurar un compromiso sostenido con el evento y el sector agrícola, lo que a su vez puede traducirse en colaboraciones futuras que beneficien tanto a los organizadores como a los participantes.

Mantener una red de contactos activa y actualizada es clave para fomentar relaciones duraderas. Al recopilar y mantener una base de datos con expositores, patrocinadores y asistentes clave, los organizadores pueden mantener el contacto durante todo el año, invitándolos a futuros eventos y manteniéndolos informados de nuevas oportunidades de colaboración. Este seguimiento continuo asegura que los vínculos se mantengan y fortalezcan, incrementando la probabilidad de que participen en eventos posteriores.

Además, promover la colaboración entre los expositores y asistentes es fundamental para el éxito a largo plazo de una feria agrícola. Organizar espacios de *networking* y reuniones específicas durante el evento permite a los participantes explorar oportunidades comerciales y crear sinergias. Por ejemplo, durante la feria, se puede organizar una sesión de *networking* en la que los expositores puedan conectarse con compradores mayoristas, inversores y otros agricultores interesados en colaborar en proyectos conjuntos. Este tipo de interacción ayuda a establecer relaciones comerciales que pueden prolongarse en el tiempo y generar beneficios mutuos para todos los involucrados.

Una feria agrícola bien organizada no solo se enfoca en el éxito inmediato del evento, sino que también se orienta a construir un ecosistema de relaciones a largo plazo que promueva la colaboración y el desarrollo continuo en el sector agrícola.

Capítulo 8: La Toma de Decisiones en las Cooperativas Agrícolas

En las cooperativas agrícolas, la **toma de decisiones** es un proceso esencial para el buen funcionamiento y la sostenibilidad de la organización. Este capítulo explora los diferentes métodos de toma de decisiones que pueden aplicarse en una cooperativa agrícola, desde decisiones operativas hasta decisiones estratégicas a largo plazo. El enfoque colaborativo y democrático de estas organizaciones requiere una estructura sólida y un proceso claro que permita a todos los miembros participar y contribuir a la dirección de la cooperativa.

1. Principios de la Toma de Decisiones Democrática en Cooperativas

La base de la toma de decisiones en las cooperativas agrícolas es el principio de **un miembro, un voto**, donde cada socio tiene derecho a participar en las decisiones, independientemente de su aporte económico o tamaño de su operación. Este principio garantiza la igualdad de voz en las decisiones importantes que afectan a la organización.

Principios Clave:

- **Igualdad**: Cada miembro tiene el mismo derecho a participar en las decisiones, independientemente de su tamaño, inversión o participación en la cooperativa.
- **Transparencia**: Las decisiones deben tomarse de manera abierta y accesible, con información clara sobre los temas que se van a discutir y las posibles implicaciones para la organización.
- **Consenso y mayoría**: Las decisiones pueden tomarse por consenso cuando sea posible o por mayoría simple o cualificada en casos más formales.
- **Participación activa**: Se fomenta la participación activa de todos los miembros, ya sea en reuniones, votaciones o comités específicos.

Ejemplo:

En una cooperativa agrícola, todos los miembros tienen la oportunidad de votar sobre la adquisición de nueva maquinaria, con la votación estructurada en base al principio de igualdad, garantizando que las decisiones reflejen la voluntad de la mayoría.

2. Métodos de Toma de Decisiones en Cooperativas Agrícolas

Existen varios métodos que se pueden utilizar en las cooperativas para tomar decisiones de manera democrática y colaborativa. La elección del método depende de la naturaleza de la decisión, el grado de urgencia y el impacto que tendrá en la organización.

2.1. Decisiones por Mayoría Simple

- **Descripción**: En la mayoría de los casos, las decisiones se toman mediante una votación en la que más del 50% de los votos a favor son suficientes para aprobar una moción. Este método es ideal para decisiones rutinarias u operativas.
- **Uso Común**: Aprobación de presupuestos operativos anuales, compra de insumos, mantenimiento de infraestructura.
- **Ejemplo**: Durante una asamblea general, los miembros votan por mayoría simple la adquisición de nuevas herramientas agrícolas que mejorarán la productividad.

2.2. Decisiones por Mayoría Cualificada

- **Descripción**: Para decisiones más importantes, como la modificación de los estatutos o la venta de activos significativos, se requiere una mayoría cualificada, generalmente de dos tercios o tres cuartas partes de los votos.
- **Uso Común**: Cambios en los estatutos, admisión de nuevos miembros, alianzas estratégicas.
- **Ejemplo**: La cooperativa decide modificar sus estatutos para permitir la inclusión de una nueva categoría de miembros, requiriendo una mayoría cualificada del 66% de los votos.

2.3. Decisiones por Consenso

- **Descripción**: En lugar de votar, los miembros buscan llegar a un acuerdo donde todos estén de acuerdo o al menos no se opongan significativamente. Este método fomenta la cohesión y asegura que las decisiones sean más aceptadas por todos los miembros.
- **Uso Común**: Decisiones que afectan directamente a todos los miembros o que requieren un alto grado de cooperación.

- **Ejemplo**: Los miembros de la cooperativa deciden por consenso el mejor uso de una parcela compartida, discutiendo diversas propuestas hasta que todos están de acuerdo en una solución.

2.4. Votación Secreta

- **Descripción**: La votación secreta se utiliza cuando es importante proteger la privacidad de los votantes, especialmente en decisiones delicadas, como la elección de directivos o decisiones que podrían generar división.
- **Uso Común**: Elección de miembros del consejo de administración, votación sobre temas controvertidos.
- **Ejemplo**: La cooperativa realiza una votación secreta para elegir a su nuevo presidente, asegurando que cada miembro pueda votar sin presiones.

2.5. Votación Nominal

- **Descripción**: En una votación nominal, cada miembro pronuncia su voto en voz alta o lo registra públicamente. Este método se utiliza cuando es importante que los votos sean registrados y visibles para todos.

- **Uso Común**: Votación sobre temas de gran impacto, donde se requiere transparencia total.

- **Ejemplo**: Durante una asamblea extraordinaria, se registra el voto nominal de cada miembro sobre la aceptación de un nuevo contrato de exportación.

3. Factores que Influyen en la Toma de Decisiones

Los varios factores influyen en el proceso de toma de decisiones en una cooperativa agrícola, desde las dinámicas internas hasta las condiciones externas que pueden afectar la producción, el mercado o la sostenibilidad de la organización.

3.1. Información Adecuada

- **Descripción**: Una de las claves para tomar buenas decisiones es tener acceso a información precisa y actualizada. La falta de información o la información inadecuada puede llevar a decisiones que no beneficien a la cooperativa.

- **Solución**: Asegurarse de que todos los miembros tengan acceso a los informes financieros, de producción y de mercado antes de tomar decisiones importantes.
- **Ejemplo**: Antes de decidir sobre una inversión en maquinaria nueva, se presenta un análisis de costo-beneficio para que todos los miembros comprendan las implicaciones financieras.

3.2. Nivel de Participación

- **Descripción**: El nivel de participación de los miembros puede afectar la calidad de las decisiones. Una baja participación puede llevar a decisiones que no representen el interés de la mayoría.
- **Solución**: Fomentar la participación activa mediante la creación de un ambiente de discusión abierto y el uso de mecanismos de participación virtual, como votaciones en línea.
- **Ejemplo**: Para asegurar una mayor participación en las decisiones estratégicas, la cooperativa permite que los miembros voten de manera remota si no pueden asistir a la asamblea general.

3.3. Presión del Tiempo

- **Descripción**: Algunas decisiones deben tomarse rápidamente debido a condiciones cambiantes del mercado o factores climáticos. En estos casos, puede ser difícil seguir los procesos formales de votación.
- **Solución**: Crear un mecanismo para decisiones de emergencia, donde el consejo de administración o un comité específico tenga autoridad para tomar decisiones rápidas cuando sea necesario.
- **Ejemplo**: En respuesta a una tormenta inesperada que afecta las cosechas, el consejo de administración decide, bajo su autoridad de emergencia, utilizar fondos para reparar el sistema de riego sin esperar a la próxima reunión de la asamblea.

4. El Rol del Consejo de Administración en la Toma de Decisiones

El Consejo de Administración de una cooperativa agrícola tiene un papel central en la toma de decisiones estratégicas y la implementación de las resoluciones acordadas por los miembros. Este órgano tiene la responsabilidad de gestionar la cooperativa en el día a día, asegurando que se sigan los objetivos definidos por los socios y que se tomen decisiones responsables y transparentes.

Funciones Clave del Consejo:

- **Propuesta de Iniciativas**: El consejo propone decisiones clave, como la asignación de recursos, inversiones importantes o alianzas comerciales, que luego son sometidas a votación en la asamblea.
- **Gestión Operativa**: En decisiones operativas, el consejo tiene la autoridad para actuar de manera más autónoma, siempre dentro de los límites que establecen los estatutos de la cooperativa.

- **Supervisión de la Ejecución**: El consejo supervisa la implementación de las decisiones tomadas por los miembros en la asamblea y se asegura de que se cumplan los plazos y presupuestos.

Ejemplo:

El Consejo de Administración de una cooperativa decide proponer una inversión en energía renovable para reducir los costos a largo plazo. Antes de someter la propuesta a la asamblea general, el consejo realiza un estudio preliminar para asegurar que la inversión es viable.

5. Desafíos Comunes en la Toma de Decisiones

El proceso de toma de decisiones en una cooperativa agrícola puede enfrentar varios desafíos, que deben abordarse para asegurar que las decisiones sean justas, inclusivas y beneficiosas para todos los miembros.

5.1. Conflictos de Intereses

- **Descripción**: Los intereses de los miembros pueden no siempre estar alineados, especialmente cuando hay diferencias en el tamaño de las operaciones agrícolas o en la participación en la cooperativa.
- **Solución**: Establecer un sistema de votación y toma de decisiones que sea justo y que considere las diferentes perspectivas de los miembros. Crear un espacio para la mediación cuando surjan conflictos.
- **Ejemplo**: En una cooperativa donde hay tanto grandes como pequeños productores, se decide establecer cuotas de participación para asegurar que las decisiones reflejen las necesidades de todos los miembros.

5.2. Falta de Información (continuación)

- **Descripción**: La falta de datos o información incompleta puede llevar a malas decisiones que afecten la productividad o la viabilidad financiera de la cooperativa.

- **Solución**: Establecer un sistema eficiente para recopilar y compartir información clave entre los miembros antes de tomar decisiones. Esto puede incluir la elaboración de informes financieros regulares, estudios de mercado y análisis de riesgos que los miembros puedan consultar antes de cualquier votación importante.
- **Ejemplo**: Antes de votar sobre la ampliación de las instalaciones de la cooperativa, se distribuye un informe que detalla los costos previstos, las fuentes de financiación y los beneficios a largo plazo, asegurando que todos los miembros comprendan las implicaciones.

5.3. Desacuerdos Prolongados

- **Descripción**: En algunos casos, los desacuerdos entre los miembros pueden prolongarse, lo que retrasa la toma de decisiones y afecta la eficiencia de la cooperativa. Esto puede ocurrir cuando los miembros tienen intereses o visiones opuestas sobre la dirección estratégica de la organización.

- **Solución**: Implementar un sistema de mediación o negociación para resolver conflictos de manera eficiente. Además, establecer plazos claros para la toma de decisiones, de modo que los desacuerdos no paralicen el progreso de la cooperativa. En algunos casos, las decisiones pueden delegarse a comités que tengan autoridad para tomar decisiones en áreas específicas.
- **Ejemplo**: Un desacuerdo sobre la dirección de marketing de la cooperativa se resuelve mediante una mediación facilitada por el presidente, donde ambas partes exponen sus puntos de vista y se llega a un compromiso. La decisión final es aprobada por votación mayoritaria.

5.4. Baja Participación

- **Descripción**: La baja participación de los miembros en las votaciones o en las reuniones puede desvirtuar el proceso democrático de la cooperativa, llevando a que unas pocas personas tomen decisiones en nombre de toda la organización.

- **Solución**: Fomentar la participación activa a través de incentivos, como ofrecer recompensas o beneficios a aquellos miembros que participen regularmente. También se puede implementar el uso de plataformas en línea para permitir la votación remota, de manera que los miembros que no pueden asistir en persona también puedan participar.
- **Ejemplo**: La cooperativa implementa un sistema de votación en línea para aumentar la participación en las decisiones clave, permitiendo que todos los miembros voten desde cualquier lugar y a cualquier hora.

5.5. Toma de Decisiones Lenta

- **Descripción**: La necesidad de consultar a todos los miembros y buscar consenso puede hacer que el proceso de toma de decisiones sea lento, especialmente en situaciones que requieren acciones rápidas.
- **Solución**: Establecer un proceso escalonado, donde las decisiones operativas o de emergencia puedan ser tomadas por un comité directivo o un consejo de administración con la autorización de los miembros. Además, se pueden definir

procedimientos acelerados para situaciones urgentes, como las decisiones que involucren pérdidas financieras o condiciones climáticas adversas.

- **Ejemplo**: En una emergencia climática, el consejo de administración tiene la autoridad para tomar decisiones rápidas sobre la protección de los cultivos sin tener que esperar la aprobación de la asamblea general.

6. Herramientas y Estrategias para Facilitar la Toma de Decisiones

Existen diversas herramientas y estrategias que pueden facilitar el proceso de toma de decisiones en una cooperativa agrícola, mejorando la eficiencia y asegurando que las decisiones sean justas y democráticas.

6.1. Comités Especializados

- **Descripción**: Formar comités específicos dentro de la cooperativa permite que las decisiones técnicas o especializadas sean gestionadas por aquellos miembros con mayor conocimiento o experiencia en esas áreas.

- **Beneficios**: Los comités pueden tomar decisiones más rápidamente en áreas como finanzas, producción o comercialización, sin la necesidad de consultar a toda la cooperativa para cada detalle.
- **Ejemplo**: Un comité de finanzas revisa y aprueba presupuestos operativos, mientras que un comité de marketing toma decisiones sobre estrategias de venta para los productos agrícolas.

6.2. Software de Gestión Cooperativa

- **Descripción**: El uso de tecnología puede simplificar el proceso de toma de decisiones al centralizar la información y facilitar la participación de los miembros. Plataformas en línea para la votación, la gestión de proyectos y la comunicación interna pueden aumentar la eficiencia.
- **Beneficios**: Los miembros pueden acceder fácilmente a información clave y votar de manera remota, lo que mejora la participación y facilita la toma de decisiones rápidas.

- **Ejemplo**: La cooperativa implementa una plataforma en línea donde los miembros pueden ver los informes financieros, discutir propuestas en foros y votar en decisiones clave desde sus dispositivos móviles.

6.3. Talleres y Capacitación para Miembros

- **Descripción**: Ofrecer talleres y sesiones de capacitación sobre habilidades de toma de decisiones, liderazgo y gestión cooperativa ayuda a que los miembros estén mejor preparados para participar activamente en el proceso de toma de decisiones.
- **Beneficios**: La capacitación refuerza el conocimiento sobre las operaciones de la cooperativa y las técnicas de gestión, lo que permite a los miembros contribuir de manera más significativa en las decisiones estratégicas.
- **Ejemplo**: Se organiza un taller sobre técnicas de negociación y resolución de conflictos para que los miembros puedan gestionar mejor los desacuerdos durante las discusiones.

6.4. Uso de Grupos de Discusión o Focus Groups

- **Descripción**: Antes de tomar decisiones importantes, los grupos de discusión o focus groups pueden ser una forma efectiva de obtener opiniones detalladas de los miembros sobre propuestas específicas.
- **Beneficios**: Los focus groups permiten identificar preocupaciones o sugerencias antes de llevar una decisión a la votación general, lo que puede ayudar a mejorar las propuestas y obtener un consenso más fácilmente.
- **Ejemplo**: Antes de votar sobre la diversificación de cultivos, la cooperativa organiza focus groups con pequeños grupos de agricultores para discutir los pros y los contras de cada opción.

La toma de decisiones en una cooperativa agrícola es un proceso fundamental para garantizar su éxito a largo plazo. A través de métodos democráticos como la votación por mayoría, el consenso o la delegación de decisiones a comités especializados, las cooperativas pueden asegurar que las decisiones reflejen las necesidades y deseos de todos sus miembros. Sin embargo, también es esencial enfrentar los desafíos comunes, como la falta de participación o los conflictos de intereses, mediante la implementación de herramientas tecnológicas, comités especializados y capacitación para los miembros.

La toma de decisiones eficaz en una cooperativa agrícola no solo promueve el crecimiento sostenible de la organización, sino que también refuerza el sentido de comunidad y colaboración entre sus miembros, creando una base sólida para el éxito futuro.

¿Cómo implementar la mediación en las cooperativas agrícolas?

Implementar un proceso de mediación en cooperativas agrícolas puede ser una herramienta muy eficaz para resolver conflictos de manera pacífica, equitativa y colaborativa. Las cooperativas, al ser organizaciones democráticas que incluyen a una variedad de miembros con diferentes intereses, pueden enfrentar desacuerdos relacionados con la dirección estratégica, la asignación de recursos, o decisiones operativas. La mediación es un proceso voluntario en el que un tercero neutral (el mediador) ayuda a las partes en conflicto a encontrar una solución aceptable para todos, preservando la cohesión y la eficiencia de la cooperativa.

A continuación, se detalla cómo se puede implementar un proceso de mediación en una cooperativa agrícola:

1. Definir la Mediación como Parte de los Procedimientos Internos

El primer paso para implementar la mediación en una cooperativa agrícola es **incluirla en los estatutos o reglamentos internos** como un mecanismo formal para resolver conflictos. Es importante que todos los miembros conozcan y acepten la mediación como una herramienta válida y útil para resolver disputas.

Cómo Implementarlo:

- **Incluir en los estatutos**: Definir la mediación como un método recomendado para resolver conflictos, y establecer los procedimientos para su uso. Esto podría incluir cuándo se recurre a la mediación, cómo se selecciona el mediador, y el proceso de mediación.

- **Capacitar a los miembros**: Realizar talleres o capacitaciones que expliquen qué es la mediación, cómo funciona, y cuáles son sus beneficios. Esto creará un ambiente de confianza en el proceso y preparará a los miembros para su uso.

Ejemplo:

En los estatutos de la cooperativa, se incluye una sección que establece que, en caso de conflictos que no puedan resolverse de manera informal, se procederá a la mediación antes de tomar acciones más formales, como el arbitraje o los tribunales.

2. Seleccionar y Capacitar Mediadores

El mediador debe ser una persona neutral, imparcial y capacitada para facilitar el diálogo entre las partes en conflicto. La cooperativa puede optar por capacitar a miembros internos para actuar como mediadores, o contratar mediadores externos profesionales, dependiendo de la naturaleza del conflicto.

Cómo Implementarlo:

- **Mediadores internos**: Identificar miembros de la cooperativa que tengan habilidades de mediación o experiencia en resolución de conflictos. Ofrecerles capacitación específica para que puedan actuar como mediadores en caso de disputas.
- **Mediadores externos**: Crear una lista de mediadores externos calificados, como abogados especializados en resolución de conflictos o profesionales con experiencia en mediación agrícola. Los mediadores externos pueden ser útiles cuando las disputas involucren intereses más complejos o cuando las partes prefieran una figura neutral externa.

Ejemplo:

La cooperativa forma un equipo de tres miembros capacitados en técnicas de mediación, quienes son designados para mediar en disputas internas. Además, la cooperativa tiene un acuerdo con una agencia de mediación externa que puede intervenir en caso de conflictos más serios.

3. Establecer un Proceso Claro para Recurrir a la Mediación

Es fundamental definir **cuándo y cómo** se recurre a la mediación dentro de la cooperativa. Este proceso debe ser claro y accesible para todos los miembros, y debe asegurar que la mediación se utilice como una herramienta para resolver disputas antes de que escalen.

Cómo Implementarlo:

- **Proceso de solicitud de mediación**: Establecer un mecanismo formal para que cualquier miembro o grupo de miembros pueda solicitar la mediación. Esto puede incluir formularios o solicitudes verbales que luego son revisadas por el consejo de administración o un comité encargado de gestión de conflictos.
- **Plazos y condiciones**: Definir plazos claros para que la mediación sea convocada una vez que se ha solicitado, así como los tipos de conflictos que pueden ser resueltos a través de este método.

- **Confidencialidad**: Asegurar que el proceso sea confidencial, para que las partes se sientan cómodas al discutir sus puntos de vista y preocupaciones sin temor a represalias.

Ejemplo:

Un miembro de la cooperativa tiene un desacuerdo con otro sobre el uso de un equipo compartido. Presenta una solicitud de mediación al comité de resolución de conflictos, que responde en un plazo de una semana, designando un mediador para trabajar con las partes.

4. Facilitar la Mediación en Reuniones Neutrales

El éxito de la mediación depende de la capacidad de crear un **ambiente neutral** donde las partes puedan expresar sus preocupaciones y trabajar hacia una solución. Esto implica organizar reuniones en lugares que no favorezcan a ninguna de las partes y en un formato que promueva el diálogo constructivo.

Cómo Implementarlo:

- **Lugar neutral**: Realizar la mediación en un lugar donde ambas partes se sientan cómodas y seguras. Puede ser un espacio en la cooperativa, una sala comunitaria, o incluso un lugar externo si es necesario.
- **Reglas básicas**: Antes de iniciar la mediación, establecer reglas básicas para la interacción, como el respeto mutuo, el derecho a ser escuchado, y la obligación de mantener la confidencialidad de lo discutido.
- **Estructura de la reunión**: El mediador debe guiar la conversación de manera estructurada, permitiendo que cada parte exprese sus preocupaciones sin interrupciones. Luego, el mediador facilita un diálogo donde ambas partes exploren posibles soluciones.

Ejemplo:

La mediación entre dos miembros de la cooperativa que han tenido un conflicto sobre la distribución de responsabilidades se lleva a cabo en una sala comunitaria neutral. El mediador establece las reglas de diálogo y permite que ambas partes expongan sus puntos de vista antes de trabajar hacia una solución conjunta.

5. Buscar Soluciones Colaborativas y Equitativas

Uno de los principios fundamentales de la mediación es que las soluciones sean colaborativas y aceptables para todas las partes involucradas. El mediador no impone una solución, sino que facilita un acuerdo que ambas partes pueden aceptar.

Cómo Implementarlo:

- **Explorar todas las opciones**: El mediador debe ayudar a las partes a explorar varias alternativas para resolver el conflicto. A veces, una solución que no se había considerado inicialmente puede surgir durante el diálogo.
- **Enfoque en los intereses comunes**: En lugar de centrarse en las posiciones de cada parte (lo que quieren), el mediador debe ayudarlas a identificar sus intereses subyacentes (lo que realmente necesitan). Esto permite encontrar soluciones que beneficien a ambas partes.
- **Acuerdos por escrito**: Una vez que se llega a una solución, es importante formalizar el acuerdo en un documento escrito que ambas partes firmen. Esto asegura el compromiso de cumplir con lo acordado y previene malentendidos futuros.

Ejemplo:

Durante la mediación, se descubre que ambos miembros tienen necesidades diferentes respecto al equipo agrícola: uno necesita el equipo por la mañana y el otro por la tarde. Se llega a un acuerdo colaborativo para compartir el equipo según un calendario, y el acuerdo se formaliza por escrito.

6. Seguimiento del Acuerdo de Mediación

Después de que se llega a un acuerdo en la mediación, es importante hacer un seguimiento para asegurarse de que ambas partes cumplan con lo pactado y que el conflicto no vuelva a surgir. Esto también refuerza la confianza en el proceso de mediación.

Cómo Implementarlo:

- **Monitoreo del cumplimiento**: Asignar a una persona o comité para que supervise el cumplimiento del acuerdo. Esto puede incluir reuniones periódicas con las partes para verificar que todo esté funcionando según lo acordado.

- **Reevaluación**: Si el conflicto vuelve a surgir o si el acuerdo no está funcionando como se esperaba, se puede organizar una nueva mediación para ajustar los términos del acuerdo.
- **Fomento de la mediación continua**: Promover una cultura en la cooperativa donde los miembros se sientan cómodos recurriendo a la mediación cada vez que surja un conflicto, en lugar de dejar que los desacuerdos escalen.

Ejemplo:

Después de que dos miembros acuerdan compartir el equipo agrícola según un calendario, el comité de mediación organiza una reunión de seguimiento un mes después para asegurarse de que ambas partes están satisfechas con el acuerdo. Esto ayuda a prevenir futuros desacuerdos.

7. Fomentar una Cultura de Resolución Pacífica de Conflictos

Más allá de implementar la mediación como una herramienta formal, es importante crear una cultura de resolución pacífica de conflictos en la cooperativa. Esto implica fomentar el diálogo abierto, el respeto mutuo y el compromiso con la colaboración entre todos los miembros.

Cómo Implementarlo:

- **Capacitación regular en habilidades de resolución de conflictos**: Ofrecer talleres periódicos para que todos los miembros desarrollen habilidades en comunicación efectiva, negociación y mediación. Esto les dará herramientas para resolver problemas de manera independiente o recurrir a la mediación cuando sea necesario.
- **Promover la participación en la mediación**: Incentivar a los miembros a usar la mediación como un método preferido para resolver conflictos, destacando sus beneficios frente a otros métodos más adversariales.
- **Reconocer los resultados exitosos de la mediación**: Celebrar los acuerdos logrados a través de la mediación, destacando cómo este proceso ha beneficiado a la cooperativa y a sus miembros.

Ejemplo:

La cooperativa organiza un taller anual sobre habilidades de resolución de conflictos y mediación, donde los miembros practican técnicas de comunicación asertiva y escucha activa. Estos talleres refuerzan una cultura de diálogo y colaboración, minimizando la escalada de conflictos dentro de la cooperativa. Además, al reconocer públicamente los acuerdos exitosos logrados a través de la mediación, se refuerza la confianza en este proceso como una herramienta eficaz para resolver desacuerdos.

La implementación de un proceso de mediación en cooperativas agrícolas ofrece una solución eficiente y pacífica para resolver los conflictos que pueden surgir entre los miembros. Dado que las cooperativas están formadas por individuos con diversos intereses, es inevitable que surjan desacuerdos en algún momento. La mediación, al ser un proceso colaborativo y equitativo, permite que las partes en conflicto encuentren soluciones que beneficien a todos sin recurrir a métodos adversariales como el arbitraje o la intervención legal.

Para que la mediación sea exitosa en una cooperativa, es esencial incluirla formalmente en los estatutos o reglamentos, seleccionar y capacitar mediadores imparciales, establecer un proceso claro para recurrir a la mediación, y fomentar un ambiente de respeto mutuo y comunicación abierta. Además, es importante realizar un seguimiento de los acuerdos alcanzados y promover una cultura de resolución pacífica de conflictos, de manera que la mediación se convierta en una parte integral del funcionamiento de la cooperativa.

La mediación no solo fortalece las relaciones entre los miembros, sino que también contribuye a la sostenibilidad y eficiencia de la cooperativa, garantizando que los conflictos se resuelvan de manera justa y rápida, sin afectar negativamente las operaciones o la cohesión del grupo.

Beneficios de Implementar la Mediación en Cooperativas Agrícolas

1. **Resuelve conflictos de manera pacífica**: Evita que los desacuerdos escalen, lo que podría generar divisiones entre los miembros.

2. **Fomenta la colaboración y el entendimiento mutuo**: Las partes trabajan juntas para encontrar soluciones, fortaleciendo la cohesión de la cooperativa.

3. **Es menos costosa y más rápida que el arbitraje o la vía legal**: La mediación no requiere procesos formales largos ni costos elevados.

4. **Mejora el clima organizacional**: La mediación fomenta una cultura de diálogo, respeto y comunicación efectiva, lo que contribuye a un mejor ambiente de trabajo.

5. **Aumenta la confianza en los procesos internos**: Al resolver conflictos internamente y de manera efectiva, los miembros se sienten más seguros y respaldados dentro de la cooperativa.

Al implementar la mediación como un mecanismo estándar para resolver disputas, las cooperativas agrícolas pueden mejorar la gestión de los conflictos y asegurarse de que las relaciones entre los miembros sigan siendo fuertes y productivas, garantizando así el éxito a largo plazo de la organización.

¿Cómo involucrar a más miembros en decisiones?

Involucrar a más miembros en las decisiones de una cooperativa agrícola es fundamental para asegurar una participación democrática, fomentar el sentido de pertenencia y fortalecer el compromiso de todos los socios. Cuando los miembros se sienten involucrados, sus ideas y opiniones no solo mejoran el proceso de toma de decisiones, sino que también contribuyen a la cohesión y el éxito a largo plazo de la organización.

Aquí tienes algunas estrategias efectivas para involucrar a más miembros en la toma de decisiones en una cooperativa agrícola:

1. Fomentar una Cultura de Participación

La clave para aumentar la participación de los miembros en las decisiones es crear una **cultura organizativa** que valore y promueva la participación activa de todos. Esto significa que los líderes deben promover el diálogo abierto, la inclusión y la transparencia en todo el proceso de toma de decisiones.

Cómo Implementarlo:

- **Promover la participación desde la base**: Fomenta una cultura en la que cada miembro se sienta valorado y animado a expresar sus ideas, sin importar el tamaño de su participación en la cooperativa.
- **Dar ejemplo desde el liderazgo**: Los líderes deben participar activamente en las discusiones y mostrar cómo las ideas de los miembros son consideradas en las decisiones finales. El liderazgo debe estar comprometido con el diálogo abierto y la inclusión.
- **Valorar la diversidad de opiniones**: Asegúrate de que las decisiones reflejen las diferentes voces y perspectivas dentro de la cooperativa. Esto refuerza la sensación de que las decisiones son más equitativas y justas.

Ejemplo:

El presidente de la cooperativa destaca regularmente la importancia de la participación de todos los miembros en las reuniones, y toma en cuenta las sugerencias en la toma de decisiones. Se reconoce públicamente la contribución de los miembros en decisiones importantes, lo que motiva a otros a involucrarse.

2. Hacer las Reuniones Más Accesibles y Atractivas

Para aumentar la participación en la toma de decisiones, es crucial hacer que las reuniones de la cooperativa sean más accesibles, tanto en términos de horarios como de formatos, para todos los miembros.

Cómo Implementarlo:

- **Flexibilidad en los horarios**: Programar las reuniones en horarios que sean convenientes para la mayoría de los miembros, considerando las obligaciones agrícolas y personales. Esto puede incluir reuniones fuera de las horas de trabajo o durante fines de semana.

- **Reuniones virtuales o híbridas**: Implementar plataformas en línea para que los miembros que no puedan asistir físicamente puedan unirse virtualmente. Esto es especialmente útil para los agricultores que viven en áreas rurales o que tienen dificultades para desplazarse.
- **Facilitar el acceso a información**: Enviar agendas, informes y temas a discutir con suficiente antelación para que los miembros lleguen a la reunión preparados y con la información necesaria para participar de manera informada.

Ejemplo:

La cooperativa organiza reuniones híbridas, con la opción de asistir en persona o unirse virtualmente. Los temas a discutir y los materiales de apoyo se envían una semana antes de la reunión para que los miembros tengan tiempo de revisarlos.

3. Crear Comités de Trabajo Participativos

Una manera efectiva de involucrar a más miembros en las decisiones es crear comités o grupos de trabajo especializados en temas clave para la cooperativa, como finanzas, producción, comercialización o sostenibilidad. Estos comités permiten que los miembros se involucren activamente en áreas donde tienen más interés o experiencia.

Cómo Implementarlo:

- **Comités temáticos**: Crear comités enfocados en áreas específicas de la cooperativa, como innovación agrícola, gestión financiera o mejora de infraestructuras. Los miembros pueden unirse a los comités que les interesen.
- **Rotación en los comités**: Permitir que diferentes miembros asuman roles de liderazgo dentro de los comités para que más personas puedan tener la experiencia de participar activamente en la toma de decisiones.
- **Revisiones periódicas**: Organizar revisiones periódicas donde los comités presenten sus avances y recomendaciones a la asamblea general de la cooperativa.

Ejemplo:

La cooperativa forma un comité de "Tecnologías de Producción" que investiga nuevas técnicas y presenta propuestas a la asamblea general. Los miembros interesados en innovación tecnológica participan activamente en este comité, mejorando las decisiones de producción.

4. Incentivar la Participación

Ofrecer incentivos a los miembros por participar activamente puede ser una manera efectiva de aumentar su compromiso y motivación para involucrarse en las decisiones de la cooperativa.

Cómo Implementarlo:

- **Recompensas simbólicas**: Otorgar reconocimientos o premios simbólicos a los miembros más participativos en las reuniones o en los comités. Esto puede ser un diploma, un reconocimiento público o una mención especial en el boletín de la cooperativa.

- **Beneficios tangibles**: Ofrecer beneficios a aquellos miembros que participen regularmente en las decisiones, como acceso a cursos de capacitación, descuentos en la compra de insumos o acceso preferente a maquinaria compartida.
- **Concursos de ideas**: Realizar concursos o competencias donde los miembros presenten ideas innovadoras para mejorar la cooperativa, con un incentivo para las mejores propuestas.

Ejemplo:

La cooperativa otorga reconocimientos anuales a los miembros que hayan participado en el mayor número de reuniones o que hayan contribuido con ideas que generaron mejoras operativas, incentivando a otros a involucrarse más.

5. Uso de Plataformas Tecnológicas para Involucrar a los Miembros

El uso de herramientas tecnológicas puede hacer que la participación sea más accesible y dinámica para todos los miembros, especialmente aquellos que no pueden asistir físicamente a las reuniones o que prefieren un formato más flexible para contribuir.

Cómo Implementarlo:

- **Plataformas de votación en línea**: Implementar herramientas de votación digital que permitan a los miembros votar sobre decisiones clave desde cualquier lugar, en cualquier momento, aumentando la participación.
- **Foros de discusión**: Crear foros en línea donde los miembros puedan discutir y debatir temas importantes antes de que se tomen decisiones formales, lo que permite una participación más continua y menos dependiente de las reuniones presenciales.
- **Boletines informativos digitales**: Mantener a los miembros informados sobre los temas a discutir y las decisiones tomadas mediante el envío regular de boletines electrónicos o mensajes en redes sociales.

Ejemplo:

La cooperativa utiliza una plataforma en línea donde los miembros pueden votar sobre propuestas durante un período de tiempo establecido. También se crea un foro en línea para que los miembros discutan proyectos y compartan ideas antes de las reuniones.

6. Fomentar la Transparencia y la Comunicación Abierta

La transparencia es clave para involucrar a más miembros en las decisiones. Cuando los miembros confían en que la información es accesible y que las decisiones se toman de manera justa, es más probable que se sientan motivados a participar activamente.

Cómo Implementarlo:

- **Compartir informes financieros y operativos**: Asegúrate de que toda la información relevante, como informes financieros, presupuestos y avances de proyectos, esté disponible para todos los miembros en un formato accesible.

- **Informes regulares sobre las decisiones tomadas**: Después de cada reunión, enviar un resumen de las decisiones tomadas y cómo se implementarán. Esto mantiene a los miembros informados y refuerza la transparencia.
- **Canales de retroalimentación**: Crear canales donde los miembros puedan hacer preguntas, ofrecer sugerencias o expresar preocupaciones de manera continua, no solo durante las reuniones.

Ejemplo:

La cooperativa envía un boletín mensual con los detalles de las decisiones tomadas en la última reunión, junto con los informes financieros y de producción. Los miembros también pueden enviar sus preguntas o preocupaciones a través de un formulario en línea.

7. Rotar los Roles de Liderazgo

La rotación de roles de liderazgo permite que más miembros experimenten la toma de decisiones de primera mano y fomenta la diversidad de ideas y perspectivas. Al dar a más personas la oportunidad de liderar, la cooperativa se beneficia de una mayor participación.

Cómo Implementarlo:

- **Líderes rotativos**: Implementar un sistema de rotación de liderazgo en los comités o áreas clave de la cooperativa, lo que permite que diferentes personas asuman responsabilidades en diversos momentos.
- **Capacitación en liderazgo**: Ofrecer programas de formación en liderazgo para preparar a los miembros a asumir roles de toma de decisiones.
- **Promover la igualdad de oportunidades**: Asegurarse de que todos los miembros, independientemente de su tamaño de producción o experiencia, tengan la oportunidad de asumir roles de liderazgo dentro de la cooperativa.

Ejemplo:

La cooperativa implementa un sistema de rotación en los comités, donde cada miembro tiene la oportunidad de asumir un rol de liderazgo por un período de tiempo, permitiendo una mayor participación de todos.

8. Escuchar Activamente y Valorar las Opiniones

Los miembros estarán más inclinados a participar si sienten que sus opiniones son valoradas y que sus contribuciones son escuchadas por el resto de la cooperativa.

Cómo Implementarlo:

- **Facilitar el diálogo**: Durante las reuniones, permite que cada miembro tenga tiempo para expresar su opinión. Esto puede hacerse estructurando las reuniones de manera que se dedique tiempo a la participación abierta.
- **Crear espacios de escucha activa**: Fomentar un entorno donde todas las ideas sean respetadas, incluso si no son adoptadas. Asegúrate de que los miembros sepan que su

participación es importante, incluso cuando sus propuestas no se aprueben de inmediato.

Fomentar el respeto por todas las opiniones: Aunque no todas las ideas se implementen, es importante que los miembros sientan que sus sugerencias han sido tomadas en cuenta y debatidas. Esto genera confianza en el proceso y aumenta la probabilidad de que sigan participando.

Cómo Implementarlo:

- **Retroalimentación directa**: Cuando una propuesta no es aprobada, ofrecer una explicación clara sobre las razones y cómo se podrían mejorar las propuestas futuras.
- **Dinámicas de diálogo**: Implementar dinámicas en las reuniones que aseguren que todas las voces sean escuchadas, como el uso de turnos de palabra o grupos pequeños de discusión.

Ejemplo:

Durante una reunión de la cooperativa, se organizan mesas de discusión pequeñas, donde los miembros pueden debatir propuestas antes de presentarlas al grupo. Al final de la reunión, se da retroalimentación sobre cada idea, agradeciendo a todos los participantes por sus contribuciones.

9. Delegar la Toma de Decisiones Menores

A veces, los miembros pueden sentirse abrumados por la cantidad de decisiones a tomar. Delegar las decisiones **menos críticas** a comités o responsables específicos permite que las decisiones mayores se debatan con mayor profundidad y participación.

Cómo Implementarlo:

- **Delegar decisiones operativas**: Decisiones operativas diarias, como la compra de insumos o la logística de distribución, pueden ser delegadas a un comité o equipo encargado. Esto permite que la asamblea se concentre en decisiones estratégicas más importantes.

- **Decisiones por áreas**: Permitir que los comités especializados tomen decisiones en sus áreas de experiencia, con la aprobación final del liderazgo o de la asamblea en temas más amplios.

Ejemplo:

La cooperativa delega a un comité de producción la responsabilidad de elegir proveedores de insumos agrícolas, mientras que las decisiones sobre alianzas estratégicas y grandes inversiones se discuten y votan en la asamblea general.

10. Crear Canales de Participación Alternativa

En algunos miembros pueden sentirse más cómodos participando a través de canales alternativos en lugar de hacerlo en reuniones formales. Crear canales de participación flexible aumenta el acceso de los miembros a los procesos de toma de decisiones.

Cómo Implementarlo:

- **Encuestas y formularios**: Usar encuestas para que los miembros puedan expresar sus opiniones sobre temas importantes antes de las reuniones, asegurando que incluso aquellos que no pueden asistir físicamente participen en el proceso.
- **Plataformas de discusión en línea**: Crear un foro en línea o un grupo de mensajería donde los miembros puedan compartir ideas y discutir decisiones en cualquier momento.
- **Consultas informales**: Antes de tomar decisiones importantes, realizar consultas informales entre los miembros para captar sus impresiones y preocupaciones.

Ejemplo:

Antes de una reunión importante sobre la diversificación de cultivos, la cooperativa envía una encuesta digital para conocer la opinión de los miembros, incluso de aquellos que no pueden asistir a la reunión. Los resultados de la encuesta se utilizan para informar el debate en la reunión.

El Involucrar a más miembros en las decisiones de una cooperativa agrícola es fundamental para su éxito y sostenibilidad. Al implementar estrategias que fomenten la participación activa, la transparencia y la inclusión, las cooperativas pueden beneficiarse de una toma de decisiones más rica y diversa, que refleje los intereses de toda la organización. Al mismo tiempo, una mayor participación fortalece el sentido de pertenencia y compromiso de los miembros, lo que asegura una gestión más eficiente y colaborativa. Las cooperativas deben adaptar estas estrategias a sus circunstancias específicas, asegurándose de que cada miembro se sienta valorado y tenga la oportunidad de contribuir a la dirección y crecimiento de la organización.

Capítulo 9: Resolución de Conflictos en las Cooperativas Agrícolas

La resolución de conflictos es esencial para mantener la cohesión y la eficiencia en las cooperativas agrícolas. En estas organizaciones democráticas, los conflictos pueden surgir por diversas razones, como diferencias en las expectativas de los miembros, decisiones operativas, distribución de recursos o malentendidos. Gestionar estos desacuerdos de manera efectiva es fundamental para asegurar que la cooperativa funcione de manera armoniosa y que las relaciones entre los miembros se mantengan positivas y productivas.

Este capítulo explora las causas comunes de los conflictos, las estrategias para resolverlos y los métodos formales e informales de resolución de disputas en las cooperativas agrícolas.

1. Causas Comunes de los Conflictos en Cooperativas Agrícolas

1.1. Diferencias en las Prioridades de los Miembros

- **Descripción**: Los miembros de una cooperativa agrícola pueden tener diferentes intereses y prioridades, lo que puede llevar a desacuerdos sobre las decisiones estratégicas o la asignación de recursos. Por ejemplo, algunos miembros pueden preferir invertir en tecnología agrícola, mientras que otros desean priorizar la comercialización o el acceso a nuevos mercados.

- **Ejemplo**: En una cooperativa de pequeños y grandes productores, puede surgir un conflicto sobre la distribución de las ganancias, ya que los grandes productores pueden desear más incentivos para aumentar su producción, mientras que los pequeños productores prefieren recibir apoyo financiero.

1.2. Problemas de Comunicación

- **Descripción**: La falta de comunicación clara y efectiva es una de las principales causas de conflictos en las cooperativas. Los malentendidos sobre las decisiones o la falta de transparencia pueden generar desconfianza entre los miembros.
- **Ejemplo**: Un conflicto surge cuando algunos miembros no reciben suficiente información sobre una decisión importante de inversión, lo que lleva a sospechas sobre cómo se gestionan los recursos.

1.3. Distribución de Recursos

- **Descripción**: Las cooperativas a menudo deben decidir cómo distribuir recursos limitados, como maquinaria agrícola, ingresos o fondos de subvenciones. La percepción de una distribución injusta puede generar tensiones entre los miembros.
- **Ejemplo**: Un conflicto ocurre cuando un grupo de agricultores considera que el acceso a ciertos equipos compartidos no está siendo distribuido de manera equitativa, lo que afecta su productividad.

1.4. Diferencias de Opinión sobre la Toma de Decisiones

- **Descripción**: En una organización democrática, los desacuerdos sobre cómo se deben tomar las decisiones pueden ser una fuente común de conflicto. Algunos miembros pueden sentir que no se les consulta lo suficiente o que sus opiniones no se valoran.
- **Ejemplo**: Un grupo de miembros se siente marginado porque las decisiones importantes se toman principalmente en reuniones a las que no pueden asistir debido a limitaciones de tiempo o distancia.

1.5. Personalidad y Conflictos Interpersonales

- **Descripción**: Los conflictos interpersonales basados en diferencias de personalidad, estilos de trabajo o problemas históricos entre miembros también son comunes en las cooperativas. Estos conflictos pueden afectar el funcionamiento de la organización si no se manejan adecuadamente.

- **Ejemplo**: Dos miembros clave de la cooperativa tienen un desacuerdo personal sobre la gestión de un proyecto, lo que afecta negativamente a todo el equipo que trabaja en él.

2. Estrategias para la Resolución de Conflictos

2.1. Fomentar la Comunicación Abierta y Transparente

- **Descripción**: Una de las maneras más efectivas de prevenir y resolver conflictos es promover la **comunicación abierta** entre los miembros. Esto implica crear espacios donde todos se sientan cómodos para expresar sus preocupaciones y opiniones, así como asegurarse de que las decisiones importantes se comuniquen de manera clara y transparente.
- **Ejemplo**: La cooperativa organiza reuniones regulares donde los miembros pueden hacer preguntas, expresar sus inquietudes y recibir actualizaciones sobre las decisiones importantes. Esto ayuda a reducir los malentendidos y fomenta la confianza.

2.2. Capacitación en Resolución de Conflictos

- **Descripción**: Capacitar a los miembros y líderes de la cooperativa en técnicas de **resolución de conflictos** es esencial para mejorar la gestión de desacuerdos. La formación puede incluir habilidades de mediación, negociación y comunicación asertiva.
- **Ejemplo**: La cooperativa organiza un taller de resolución de conflictos donde los miembros aprenden cómo manejar desacuerdos de manera constructiva y cómo llegar a soluciones que beneficien a ambas partes.

2.3. Crear Espacios de Diálogo Informal

- **Descripción**: En muchas ocasiones, los conflictos pueden resolverse de manera más efectiva a través de **diálogos informales** antes de que escalen. Crear un ambiente donde los miembros puedan reunirse y discutir problemas de manera amigable puede ayudar a evitar que los desacuerdos se conviertan en conflictos más serios.

- **Ejemplo**: La cooperativa organiza sesiones de "diálogos abiertos" una vez al mes, donde los miembros pueden discutir cualquier problema o desacuerdo en un ambiente relajado, promoviendo la prevención de conflictos.

2.4. Aplicar un Proceso de Mediación

- **Descripción**: La **mediación** es un método formal de resolución de conflictos en el que un tercero imparcial, el mediador, ayuda a las partes en conflicto a encontrar una solución mutuamente aceptable. Este proceso puede ser interno, con miembros capacitados en mediación, o externo, con la contratación de un mediador profesional.
- **Ejemplo**: Un mediador externo es llamado cuando dos grupos dentro de la cooperativa tienen un conflicto sobre cómo gestionar la expansión de las operaciones. El mediador facilita un acuerdo que satisface a ambas partes.

2.5. Establecer Normas Claras de Gobernanza

- **Descripción**: La creación de **normas claras de gobernanza** ayuda a prevenir conflictos al establecer expectativas claras sobre cómo se deben tomar las decisiones y cómo se gestionan los recursos. Estas normas deben estar bien definidas en los estatutos de la cooperativa y ser conocidas por todos los miembros.
- **Ejemplo**: La cooperativa revisa sus estatutos y reglamentos para asegurarse de que incluyan procedimientos claros para la toma de decisiones y la resolución de conflictos, garantizando la participación justa de todos los miembros.

3. Métodos Formales e Informales de Resolución de Conflictos

3.1. Resolución Informal

- **Descripción**: La resolución informal implica resolver conflictos de manera rápida y directa entre los miembros sin recurrir a procesos formales. Esto puede incluir discusiones cara a cara, negociación entre las partes y facilitación por parte de un líder de la cooperativa.
- **Ventajas**: Los conflictos pueden resolverse más rápidamente y de manera menos costosa, manteniendo una atmósfera positiva en la cooperativa.
- **Ejemplo**: Dos miembros que tienen un conflicto sobre la programación del uso de maquinaria deciden reunirse con el gerente de la cooperativa para resolver el problema a través del diálogo.

3.2. Mediación

- **Descripción**: La mediación es un método formal donde un mediador facilita la resolución del conflicto. El mediador ayuda a las partes a comunicarse y llegar a un acuerdo que sea satisfactorio para ambas partes.
- **Ventajas**: El proceso de mediación es voluntario y permite que las partes tengan control sobre la solución final, preservando las relaciones entre los miembros.
- **Ejemplo**: La cooperativa llama a un mediador externo para ayudar a resolver un conflicto sobre la distribución de las ganancias entre los miembros.

3.3. Arbitraje

- **Descripción**: El arbitraje es un proceso en el que un árbitro o un panel toma una decisión vinculante sobre el conflicto. A diferencia de la mediación, las partes no tienen control sobre la solución, pero el proceso es más rápido que los litigios.
- **Ventajas**: Es un proceso rápido y menos formal que un litigio, y el resultado es vinculante para ambas partes.

- **Ejemplo**: Dos miembros no pueden llegar a un acuerdo sobre la gestión de una parcela compartida y acuerdan someter el conflicto a arbitraje, aceptando la decisión final del árbitro.

3.4. Litigio

- **Descripción**: El litigio es el proceso de llevar el conflicto a los tribunales para que un juez decida sobre la disputa. Este es el método más formal y generalmente se reserva para situaciones graves que no pueden resolverse de ninguna otra manera.
- **Ventajas**: Proporciona una solución final y vinculante, pero es costoso y puede dañar las relaciones dentro de la cooperativa.
- **Ejemplo**: Un miembro demanda a la cooperativa alegando discriminación en la asignación de recursos, y el conflicto se lleva a los tribunales para su resolución.

4. La Importancia de la Prevención de Conflictos

Además de resolver conflictos cuando surgen, es fundamental que las cooperativas implementen estrategias preventivas para evitar que los desacuerdos se conviertan en conflictos serios.

Estrategias de Prevención:

Revisión periódica de las normas: Asegurarse de que los estatutos y reglamentos se revisen y actualicen regularmente para adaptarse a las necesidades cambiantes de **la cooperativa** y prevenir conflictos que surjan debido a vacíos o ambigüedades en las normas de gobernanza. La claridad en los procedimientos reduce las posibilidades de malentendidos y desacuerdos.

4.1. Promover la Transparencia

- **Descripción**: La falta de transparencia en la toma de decisiones o en la distribución de recursos es una fuente común de conflictos. Implementar prácticas que aseguren que todos los miembros estén informados y comprendan los procesos internos es clave para prevenir disputas.

- **Ejemplo**: La cooperativa publica mensualmente informes financieros y operativos accesibles a todos los miembros. Además, las reuniones se graban para que cualquier miembro que no haya podido asistir pueda revisarlas.

4.2. Desarrollar Habilidades de Resolución de Conflictos en los Líderes

- **Descripción**: Los líderes de la cooperativa juegan un papel fundamental en la prevención y resolución de conflictos. Capacitar a los líderes en habilidades como la mediación, la negociación y la comunicación efectiva les permite gestionar los desacuerdos de manera más eficiente.
- **Ejemplo**: Los miembros del consejo de administración de la cooperativa reciben formación anual sobre resolución de conflictos, lo que les permite intervenir proactivamente en situaciones de tensión antes de que escalen.

4.3. Fomentar la Participación Activa

- **Descripción**: Cuando los miembros se sienten incluidos y tienen oportunidades de participar en las decisiones, es menos probable que se produzcan conflictos. Fomentar la participación activa ayuda a alinear los intereses de los miembros y a resolver las preocupaciones antes de que se conviertan en problemas.
- **Ejemplo**: La cooperativa establece comités en áreas clave como la producción, comercialización y sostenibilidad. Cada miembro tiene la oportunidad de unirse a uno de estos comités, participando de manera directa en la toma de decisiones.

4.4. Realizar Evaluaciones Periódicas del Clima Organizacional

- **Descripción**: Realizar encuestas o evaluaciones periódicas del clima organizacional puede ayudar a identificar posibles tensiones o problemas antes de que se conviertan en conflictos abiertos. Esto permite a los líderes abordar las preocupaciones de los miembros de manera proactiva.

- **Ejemplo**: La cooperativa realiza una encuesta anual para evaluar la satisfacción de los miembros con los procesos de toma de decisiones, la distribución de recursos y la comunicación interna. Los resultados se utilizan para mejorar las prácticas de gestión.

5. Casos Prácticos de Resolución de Conflictos en Cooperativas Agrícolas

Caso 1: Conflicto sobre la Distribución de Recursos

- **Descripción**: En una cooperativa que comparte maquinaria agrícola, los miembros más pequeños sienten que los grandes productores están monopolizando el acceso a la maquinaria durante los periodos clave de cosecha.
- **Resolución**: Se implementa un sistema de reserva basado en turnos que garantiza que todos los miembros tengan acceso a la maquinaria de manera equitativa durante los periodos de mayor demanda. Un mediador interno ayuda a las partes a establecer las reglas para el nuevo sistema de uso compartido.

- **Resultado**: El conflicto se resuelve, y los miembros pequeños y grandes expresan su satisfacción con el nuevo sistema, mejorando la colaboración.

Caso 2: Desacuerdo sobre la Expansión de la Cooperativa

- **Descripción**: Los miembros están divididos sobre si la cooperativa debe expandirse a nuevos mercados internacionales. Algunos miembros ven la expansión como una oportunidad, mientras que otros temen que podría aumentar los costos y riesgos.
- **Resolución**: Se forma un comité de análisis de expansión, compuesto por miembros que representan diferentes puntos de vista. El comité lleva a cabo un estudio de factibilidad y presenta sus conclusiones en la próxima asamblea general, donde se toma una decisión informada por consenso.
- **Resultado**: Al incluir a los miembros con opiniones diversas en el proceso de análisis, se evita el conflicto y la decisión final es aceptada por todos los miembros.

Caso 3: Conflicto Personal entre Miembros del Consejo de Administración

- **Descripción**: Dos miembros del consejo de administración tienen un desacuerdo personal que está afectando la eficiencia del equipo directivo. Las reuniones del consejo se vuelven tensas, y la toma de decisiones se ralentiza.

- **Resolución**: Se contrata a un mediador externo que trabaja con los dos miembros para resolver sus diferencias de manera confidencial. El mediador facilita un diálogo productivo y se llega a un acuerdo de convivencia que permite a ambos miembros seguir colaborando en sus roles.

- **Resultado**: El conflicto personal se resuelve, y las reuniones del consejo de administración vuelven a ser eficientes y productivas.

6. Beneficios de una Resolución de Conflictos Eficiente en las Cooperativas Agrícolas

Implementar estrategias efectivas de resolución de conflictos trae numerosos beneficios para una cooperativa agrícola:

1. **Mejora la Cohesión Interna**: La resolución efectiva de conflictos fortalece las relaciones entre los miembros y crea un ambiente de trabajo más colaborativo.
2. **Incrementa la Productividad**: Al resolver los conflictos de manera rápida y justa, los miembros pueden concentrarse en las actividades productivas, mejorando la eficiencia general de la cooperativa.
3. **Fomenta la Participación**: Los miembros se sienten más valorados y motivados para participar en la toma de decisiones cuando ven que sus preocupaciones son escuchadas y resueltas.
4. **Preserva la Estabilidad a Largo Plazo**: La capacidad de manejar los conflictos de manera proactiva y constructiva ayuda a que la cooperativa mantenga una gobernanza estable y eficiente.

5. **Aumenta la Confianza en el Liderazgo**: Cuando los líderes de la cooperativa manejan los conflictos de manera transparente y equitativa, ganan la confianza y el respeto de los miembros.

La resolución de conflictos es un aspecto crucial para el éxito y la sostenibilidad de las cooperativas agrícolas. Al reconocer las causas comunes de los conflictos, implementar estrategias efectivas de prevención y resolución, y promover una cultura de comunicación abierta y participación, las cooperativas pueden evitar que los desacuerdos se conviertan en divisiones permanentes. Utilizando métodos tanto formales como informales de resolución de conflictos, las cooperativas pueden asegurar que las diferencias entre los miembros se gestionen de manera justa y colaborativa, preservando la cohesión interna y el éxito a largo plazo.

Este capítulo ha ofrecido un marco para entender cómo gestionar los conflictos en las cooperativas, ilustrado con casos prácticos y métodos de resolución que pueden aplicarse en diversos escenarios.

Capítulo 10: Gobernanza y Liderazgo en las Cooperativas Agrícolas

La **gobernanza** y el **liderazgo** juegan un papel esencial en el funcionamiento y la sostenibilidad de las cooperativas agrícolas. Estos dos elementos son fundamentales para garantizar una toma de decisiones equitativa, eficiente y alineada con los objetivos de la cooperativa. A diferencia de las empresas convencionales, las cooperativas agrícolas operan bajo principios democráticos, donde los miembros son tanto los propietarios como los responsables de dirigir la organización. Esto crea un entorno único en el que la gobernanza requiere mecanismos bien estructurados para asegurar la participación activa de todos los socios y un liderazgo que fomente la colaboración y el consenso.

En la estructura de gobernanza de una cooperativa agrícola, la **asamblea general** es el órgano más alto de toma de decisiones. Todos los miembros tienen derecho a participar en la asamblea, expresar sus opiniones y votar en decisiones clave. Este órgano es responsable de aprobar los presupuestos, elegir a los líderes y definir la dirección estratégica de la cooperativa. Además, se encarga de la revisión y aprobación de los estados financieros, así como de cualquier cambio en los reglamentos o estatutos de la cooperativa. Por otro lado, el **consejo de administración** es elegido por la asamblea y se encarga de la supervisión y ejecución de las decisiones adoptadas. Este grupo de líderes, compuesto por miembros elegidos, tiene la responsabilidad de gestionar las operaciones diarias y garantizar que la cooperativa funcione de acuerdo con los planes establecidos por la asamblea general. Además, supervisan la gestión financiera, monitorean el desempeño general y establecen planes de acción para mejorar las operaciones.

Para apoyar al consejo de administración en la gestión de la cooperativa, a menudo se crean comités especializados que se encargan de áreas clave como la producción, comercialización, finanzas o sostenibilidad. Estos comités están formados por miembros con conocimientos o intereses específicos y se encargan de realizar análisis detallados, proponer soluciones y presentar informes al consejo de administración y a la asamblea general. Además, la gerencia y el equipo administrativo son responsables de implementar las decisiones del consejo y de gestionar las operaciones diarias. Este equipo, que puede estar formado por empleados o consultores externos, se encarga de coordinar la logística, supervisar al personal y administrar los recursos financieros de la cooperativa.

El principio fundamental de la gobernanza en una cooperativa agrícola es la democracia, lo que significa que cada miembro tiene una voz y un voto en las decisiones importantes, independientemente de su contribución financiera. Este principio de "un miembro, un voto" asegura que todas las decisiones reflejen el consenso de la mayoría y no haya un control desproporcionado por parte de los miembros más grandes o influyentes. La transparencia también es clave para una gobernanza efectiva. Todos los miembros deben tener acceso a la información necesaria para tomar decisiones informadas, incluyendo informes financieros, planes operativos y resultados de decisiones anteriores. Para promover la transparencia, muchas cooperativas publican boletines mensuales o proporcionan informes periódicos que detallan los avances y desafíos de la organización. Junto con la transparencia, la participación inclusiva es otro pilar fundamental. Todos los miembros deben tener la oportunidad de involucrarse activamente en las decisiones, ya sea a través de la participación en asambleas, comités o mediante mecanismos de retroalimentación continua. Por último, los líderes deben rendir cuentas ante los miembros de la cooperativa, lo que refuerza la confianza en el liderazgo y asegura que las decisiones se tomen en beneficio de todos los socios.

El liderazgo en una cooperativa agrícola tiene características únicas que lo diferencian de otros modelos de liderazgo empresarial. El liderazgo colaborativo es esencial para el éxito de la cooperativa, ya que los líderes no deben imponer decisiones, sino facilitar el diálogo y la colaboración entre los miembros. Esto significa que las decisiones se toman colectivamente, respetando las diversas opiniones de los socios y trabajando juntos hacia un objetivo común. El liderazgo democrático también es fundamental, ya que los líderes deben actuar como facilitadores y promotores de un proceso justo, transparente y equitativo de toma de decisiones. Este tipo de liderazgo fomenta la participación activa y asegura que todos los miembros tengan la oportunidad de expresar sus puntos de vista antes de que se tome una decisión final.

Además de ser colaborativos y democráticos, los líderes de una cooperativa agrícola deben contar con habilidades de gestión y resolución de conflictos. Los conflictos entre los miembros son inevitables en cualquier organización democrática, y los líderes deben ser capaces de mediar en estas situaciones de manera justa y eficaz. A través de la mediación y el diálogo constructivo, los líderes pueden ayudar a las partes en conflicto a encontrar soluciones que beneficien a todos los involucrados. Por último, los líderes también deben ser promotores de la innovación. En un entorno agrícola en constante cambio, es fundamental que los líderes estén abiertos a nuevas ideas y tecnologías que puedan mejorar la productividad y la sostenibilidad de la cooperativa. Esto puede incluir la implementación de nuevas técnicas de producción, la adopción de tecnologías sostenibles o la búsqueda de nuevos mercados para los productos de la cooperativa.

El éxito de una cooperativa agrícola depende en gran medida de su estructura de gobernanza y de un liderazgo eficaz que sea inclusivo, democrático y colaborativo. La gobernanza debe estar diseñada para garantizar que todos los miembros tengan la oportunidad de participar activamente en las decisiones y que el liderazgo sea responsable y transparente en su gestión. Al fomentar la participación, la transparencia y la rendición de cuentas, las cooperativas pueden construir una base sólida para el crecimiento y la sostenibilidad a largo plazo. Además, los líderes deben ser capaces de gestionar los conflictos, promover la innovación y asegurar que la cooperativa siga siendo competitiva en un entorno agrícola en evolución.

¿Cómo puedo organizar mejor las comisiones?

Organizar mejor las comisiones en una cooperativa agrícola es fundamental para asegurar una gestión eficaz y la toma de decisiones informadas en áreas clave como la producción, las finanzas, la comercialización, o la sostenibilidad. Para comenzar, es importante que cada comisión tenga un propósito claro y bien definido, con objetivos específicos que estén alineados con los intereses generales de la cooperativa. Esto asegura que los miembros comprendan la razón de ser de cada comisión y sepan exactamente cuál es su función dentro del conjunto de la organización. Las comisiones deben estar compuestas por miembros que tengan experiencia o interés en el área correspondiente, lo que les permitirá aportar ideas valiosas y conocimientos especializados.

Es crucial definir las responsabilidades y los límites de autoridad de cada comisión para evitar la duplicación de esfuerzos y asegurar que los miembros comprendan hasta dónde pueden tomar decisiones sin necesidad de recurrir al consejo de administración o la asamblea general. Esto también les da autonomía para actuar en sus áreas específicas, facilitando un trabajo más ágil y eficiente. Cada comisión debe tener un coordinador o líder que se encargue de organizar las reuniones, distribuir las tareas, y asegurarse de que se cumplan los plazos. Este líder actúa como un enlace entre la comisión y el consejo de administración, asegurando que la información fluya correctamente y que las decisiones sean comunicadas de manera clara.

La frecuencia de las reuniones es otro aspecto importante. Las comisiones deben reunirse de manera regular para discutir avances, resolver problemas y ajustar sus planes según sea necesario. Sin embargo, es importante que estas reuniones sean productivas y no se conviertan en una carga innecesaria para los miembros. La preparación previa a las reuniones, como la distribución de agendas y materiales con suficiente antelación, contribuye a que las reuniones sean más eficientes y enfocadas en los temas importantes. Para fomentar la participación activa, es recomendable rotar a los miembros en roles de liderazgo dentro de las comisiones, lo que da a más personas la oportunidad de desarrollar habilidades de gestión y asumir mayores responsabilidades.

Es vital que las comisiones rindan cuentas regularmente al consejo de administración o a la asamblea general. Esto puede lograrse mediante la presentación de informes periódicos que detallen los progresos, los desafíos enfrentados, y las decisiones tomadas. Estos informes aseguran que los miembros de la cooperativa estén al tanto del trabajo realizado por cada comisión y promueven la transparencia en la toma de decisiones. Implementando estas estrategias, las comisiones pueden operar de manera más organizada, eficiente y efectiva, contribuyendo al éxito general de la cooperativa agrícola.

¿Qué tipos de informes deben presentar?

Los informes que las comisiones de una cooperativa agrícola deben presentar son fundamentales para mantener la transparencia y asegurar la rendición de cuentas dentro de la organización. Entre los principales tipos de informes se encuentra el informe de progreso, que ofrece un resumen detallado sobre el avance de los proyectos en los que la comisión está trabajando. Este informe debe incluir las tareas completadas, los hitos alcanzados y cualquier desviación respecto al plan inicial, así como los próximos pasos a seguir. Además, es importante que las comisiones presenten un informe financiero, en el que se detallen los gastos realizados, los recursos asignados y los resultados financieros obtenidos, de manera que se garantice un uso responsable de los fondos de la cooperativa. Este tipo de informe es esencial para que el consejo de administración pueda evaluar el estado financiero de cada proyecto y ajustar el presupuesto si es necesario.

Otro tipo crucial es el informe de resultados o evaluación de impacto, que se presenta al concluir un proyecto o una fase importante. Este informe debe incluir un análisis del éxito del proyecto en relación con los objetivos establecidos, destacando los beneficios obtenidos, las lecciones aprendidas y las áreas que requieren mejoras. Asimismo, un informe de recomendaciones es útil cuando una comisión analiza un problema o una oportunidad específica. Este informe incluye propuestas concretas para la toma de decisiones o cambios estratégicos, respaldadas por análisis y datos.

Las comisiones deben presentar informes de riesgos y desafíos, que identifican posibles obstáculos que podrían afectar el progreso de un proyecto o el cumplimiento de los objetivos de la cooperativa. Este informe debe detallar los riesgos anticipados, su posible impacto y las medidas recomendadas para mitigarlos. En conjunto, estos informes permiten a las comisiones mantener una comunicación fluida con el consejo de administración y los demás miembros, facilitando la toma de decisiones informadas y la supervisión adecuada de las actividades de la cooperativa.

Referencias

Comisión de Gobernanza de la Cooperativa Finca Kandore. (2023). *Manual interno de gestión y organización de comisiones.* Cooperativa Finca Kandore.

Comisión de Liderazgo Cooperativo de Puerto Rico. (2021). *Manual de liderazgo colaborativo en cooperativas agrícolas.* Cooperativa Agrícola de Puerto Rico.

Fundación de Educación Cooperativa. (2019). *Guía práctica para la gestión democrática en cooperativas agrícolas.* Fundación Cooperativa Press.

Instituto Nacional de Cooperativas. (2021). *Principios cooperativos y democracia interna: Guía para líderes cooperativistas.* INC Editorial.

Navarro, P., & Ramírez, M. (2018). *Resolución de conflictos y mediación en cooperativas: Un enfoque práctico para líderes agrícolas*. Editorial AgroDemocracia.

Robert, H. M., Evans, W. J., Honemann, D. H., & Balch, T. J. (2020). *Robert's Rules of Order Newly Revised (12th ed.)*. PublicAffairs.

Secretaría de Agricultura de Puerto Rico. (2020). *Guía de normativas para la gestión agrícola sostenible y democrática*. Secretaría de Agricultura.

Unión de Cooperativas Agrícolas de América Latina. (2022). *Toma de decisiones democráticas en cooperativas rurales: Mejores prácticas y estudios de caso*. UCAAL Publicaciones.

Anexos

Ejemplos de Mociones y Resoluciones Agrícolas

En las cooperativas agrícolas, las mociones y resoluciones son instrumentos fundamentales para tomar decisiones de manera ordenada y eficiente. A continuación, se presentan algunos ejemplos de mociones y resoluciones que pueden ser utilizadas en reuniones de una cooperativa agrícola:

1. **Moción para la aprobación del presupuesto anual:**
   - **Propuesta**: "Propongo que se apruebe el presupuesto operativo para el próximo año fiscal tal como fue presentado por la Comisión de Finanzas, con un monto total de $200,000 destinados a la adquisición de nuevos equipos de riego."
   - **Resultado esperado**: Votación por mayoría simple.

2. **Moción para la adopción de nuevas prácticas sostenibles:**
   - ○ **Propuesta**: "Propongo que la cooperativa adopte las recomendaciones del Comité de Sostenibilidad para implementar sistemas de riego por goteo en todas las parcelas de nuestros miembros, con el objetivo de reducir el uso de agua en un 30%."
   - ○ **Resultado esperado**: Votación con mayoría cualificada.
3. **Resolución para la creación de un fondo de emergencia para desastres naturales:**
   - ○ **Propuesta**: "Se resuelve que la cooperativa creará un fondo de emergencia de $50,000 destinado a la compra de suministros y equipos de emergencia para apoyar a los miembros afectados por desastres naturales."
   - ○ **Resultado esperado**: Votación por consenso.

4. **Moción para la selección de un proveedor de insumos agrícolas:**

- ○ **Propuesta**: "Propongo que la cooperativa firme un contrato de tres años con el proveedor AgroDistribución S.A. para la compra de fertilizantes y pesticidas, con una revisión anual de precios y condiciones."

- ○ **Resultado esperado**: Votación por mayoría simple.

Plantillas para la Estructura de Reuniones

La organización eficiente de las reuniones es clave para que las cooperativas agrícolas tomen decisiones efectivas. A continuación, se presentan algunas plantillas de estructura de reuniones que pueden ser adaptadas para diferentes propósitos:

1. **Plantilla de Estructura para Reunión Ordinaria:**

   1. Apertura de la reunión: Llamada al orden por el presidente o moderador.

   2. Verificación del quórum: Confirmación de la asistencia necesaria para tomar decisiones válidas.

   3. Aprobación de la agenda: Votación para aprobar la agenda del día.

   4. Revisión y aprobación del acta de la reunión anterior: Lectura y aprobación de la minuta.

   5. Informes de comisiones: Presentación de los informes de las comisiones de finanzas, producción, etc.

6. Discusión de temas pendientes: Revisión de mociones o temas que quedaron pendientes de la reunión anterior.

7. Nuevos asuntos: Propuestas de nuevos temas o mociones.

8. Votación: Se lleva a cabo la votación de las mociones o resoluciones presentadas.

9. Otros asuntos: Comentarios o sugerencias adicionales.

10. Clausura de la reunión: Conclusión por parte del presidente o moderador.

2. **Plantilla de Estructura para Reunión Extraordinaria:**

   1. Llamada a la reunión extraordinaria: Explicación del motivo de la reunión.

   2. Confirmación del quórum: Verificación del número necesario de asistentes.

   3. Presentación del tema único: Discusión del asunto que motivó la reunión extraordinaria.

   4. Debate: Discusión abierta sobre el tema, con tiempos limitados para intervenciones.

   5. Propuesta de mociones: Se presentan mociones relacionadas con el tema.

   6. Votación: Decisión mediante votación por mayoría o consenso.

   7. Clausura: Cierre de la reunión.

3. **Plantilla de Estructura para Reunión de Comités:**

1. Bienvenida y apertura: Inicio de la reunión por parte del coordinador del comité.

2. Revisión de la agenda: Aprobación de la agenda para el día.

3. Revisión de los progresos anteriores: Informe sobre los avances desde la última reunión.

4. Discusión de nuevos proyectos: Debate sobre las nuevas propuestas o tareas del comité.

5. Planificación de tareas: Asignación de responsabilidades y plazos.

6. Seguimiento: Definir los pasos para monitorear el progreso.

7. Cierre: Conclusión de la reunión con la fecha de la próxima sesión.

De Conceptos Básicos a una Agenda u Orden del Día

Para crear un **orden del día** efectivo, es necesario partir de los conceptos básicos y adaptarlos al propósito específico de la reunión. A continuación, te muestro cómo estructurar una agenda siguiendo las normas parlamentarias y los conceptos esenciales:

1. Conceptos Básicos

- **Propósito**: Define el objetivo principal de la reunión (informar, decidir, resolver conflictos).
- **Reglas de Orden**: Asegúrate de que todos los miembros conozcan las reglas parlamentarias que guiarán la reunión.
- **Roles**: Asigna responsabilidades a los participantes clave (presidente, secretario, parlamentarista, etc.).
- **Transparencia**: Incluye tiempo para que todos los miembros tengan oportunidad de participar.

2. Estructura Típica del Orden del Día

1. **Apertura de la Reunión**
   - Llamada al orden por el presidente.
   - Verificación de quórum (confirmar que hay suficiente asistencia para proceder).
   - Aprobación del acta de la reunión anterior.
2. **Informes**
   - Informe del presidente: Resumen de actividades recientes.
   - Informe del tesorero: Estado financiero actual.
   - Informe de comités: Actualizaciones de proyectos específicos.

3. **Temas a Discutir**
   - Presentación de mociones principales.
   - Debate sobre asuntos críticos (nuevos proyectos, presupuesto, conflictos).

4. **Toma de Decisiones**
   o Votación sobre mociones pendientes.
   o Resolución de conflictos, si aplica.

5. **Asuntos Nuevos**
   o Discusión de temas no incluidos en el orden del día pero planteados durante la reunión.

6. **Clausura**
   o Resumen de acuerdos.
   o Anuncio de la próxima reunión.
   o Moción de cierre.

3. Ejemplo Práctico de Orden del Día

Orden del Día
Reunión de la Cooperativa Agrícola
"Sembrando Futuro"
Fecha: 20 de noviembre de 2024
Hora: 9:00 a.m.
Lugar: Salón de Actos Comunitario

1. **Apertura de la Reunión**
   - Llamada al orden por el presidente.
   - Verificación de quórum por el secretario.
   - Aprobación del acta de la reunión anterior.
2. **Informes**
   - Informe del presidente sobre el avance del proyecto de riego.
   - Informe del tesorero: Estado de la subvención federal recibida.
   - Informe del comité técnico sobre el mantenimiento de equipos agrícolas.
3. **Temas a Discutir**
   - Moción principal: Propuesta para adquirir un tractor nuevo.
   - Discusión sobre el presupuesto para talleres de capacitación técnica.

- Análisis de opciones para diversificar cultivos.

4. **Toma de Decisiones**
   - Votación sobre la compra del tractor.
   - Aprobación del presupuesto para los talleres de capacitación.

5. **Asuntos Nuevos**
   - Propuesta para organizar una feria agrícola en enero de 2025.

6. **Clausura**
   - Resumen de acuerdos por el secretario.
   - Anuncio de la próxima reunión (15 de diciembre de 2024).
   - Moción de cierre.

4. Detalles Adicionales

- **Tiempo estimado**: Incluye una estimación del tiempo asignado para cada punto del orden del día para mantener la reunión dentro del horario.

- **Preparación previa**: Distribuye el orden del día con anticipación para que los miembros puedan prepararse.

- **Flexibilidad**: Permite un espacio para asuntos no previstos, pero controla que no desvíen el enfoque principal de la reunión.

Este ejemplo refleja cómo los conceptos básicos de gobernanza y procedimientos parlamentarios se traducen en una agenda bien estructurada que promueve la participación y la eficiencia en la toma de decisiones.

Glosario de Términos Parlamentarios

Para facilitar la comprensión de los procedimientos parlamentarios en una cooperativa agrícola, se incluye a continuación un **glosario** de los términos más comunes utilizados durante las reuniones y procesos de toma de decisiones:

1. **Moción**: Propuesta formal que se presenta para debate y decisión en una reunión.
2. **Resolución**: Decisión formal tomada por votación después de debatir una moción, generalmente relacionada con la adopción de una política o acción concreta.
3. **Quórum**: El número mínimo de miembros que deben estar presentes en una reunión para que las decisiones sean válidas.
4. **Acta**: Documento que recoge de manera oficial las discusiones y decisiones tomadas en una reunión.
5. **Orden del día (Agenda)**: Lista de temas que se tratarán durante una reunión, previamente aprobada por los asistentes.
6. **Votación por mayoría simple**: Método de votación en el que se aprueba una moción si recibe más del 50% de los votos a favor.

7. **Votación por mayoría cualificada**: Se requiere un porcentaje mayor, como dos tercios o tres cuartos, para aprobar una moción.

8. **Votación nominal**: Votación en la que los miembros expresan su voto de forma individual y se registra cómo vota cada persona.

9. **Votación secreta**: Procedimiento en el que los miembros votan de manera confidencial, generalmente por escrito.

10. **Enmienda**: Propuesta para modificar una moción o resolución antes de su votación final.

11. **Tabla (To Table)**: Suspender la discusión de una moción hasta una fecha posterior.

12. **Orden del día**: El conjunto de temas o puntos que se abordarán en una reunión.

13. **Aplazamiento**: Suspensión de una reunión hasta una nueva fecha.

14. **Orden del día preferente**: Puntos que se abordan con prioridad en una reunión debido a su urgencia o importancia.

Espero que te haya servido, si necesitas mas ayuda, me puedes contactar por email a etielcostales@yahoo.com

¨Gracias por tu apoyo¨

Made in the USA
Columbia, SC
27 November 2024

47232040R00290